个人品牌打造
从0到1低成本创业

王艺霖 —— 著

清华大学出版社
北京

内 容 简 介

本书从个人品牌的底层思维讲起，根据个人品牌打造地图，全面细致地拆解了普通人如何一步步从 0 到 1 打造自己的个人品牌，实现知识转化。书中给出了非常具体的实操落地方法，同时也结合个人成长经历和发展历程，讲述了个人品牌打造背后的心法，让读者可以在系统学习个人品牌的同时，深度挖掘自己的潜力优势，找到人生使命，开启事业第二曲线和更多的可能性。

本书分为 8 章，涵盖的主要内容有：个人品牌的定位、产品、流量、营销、交付，每一步的详细拆解和行动步骤；营销漏斗的知晓阶段、考虑阶段、购买阶段、留存阶段、拥护阶段里的商业思维认知及营销方法；进入知识付费行业的第一门课程打磨方法以及个人成长的心法。

本书内容通俗易懂，实用性强，特别适合各行各业有一定专业知识和经验，想通过个人品牌开启职业第二曲线的读者，或想打造个人品牌以实现知识转化的读者阅读，能够帮助读者全方位、细致、快速地了解个人品牌打造的全貌和本质。

图书在版编目（CIP）数据

个人品牌打造：从0到1低成本创业 / 王艺霖著. —北京：清华大学出版社，2023.3
（2025.7 重印）

ISBN 978-7-302-62482-0

Ⅰ.①个… Ⅱ.①王… Ⅲ.①品牌－企业管理 Ⅳ.①F273.2

中国国家版本馆CIP数据核字(2023)第017034号

责任编辑：张立红
封面设计：蔡小波
版式设计：方加青
责任校对：赵伟玉　卢　嫣
责任印制：沈　露

出版发行：清华大学出版社
　　　　　网　　址：https://www.tup.com.cn，https://www.wqxuetang.com
　　　　　地　　址：北京清华大学学研大厦A座　　　　邮　　编：100084
　　　　　社 总 机：010-83470000　　　　　　　　　邮　　购：010-62786544
　　　　　投稿与读者服务：010-62776969，c-service@tup.tsinghua.edu.cn
　　　　　质 量 反 馈：010-62772015，zhiliang@tup.tsinghua.edu.cn
印 装 者：涿州市般润文化传播有限公司
经　　销：全国新华书店
开　　本：148mm×210mm　　　**印　　张：**7.75　　**字　　数：**187千字
版　　次：2023 年 5 月第 1 版　　**印　　次：**2025 年 7 月第 4 次印刷
定　　价：59.80元

产品编号：095052-01

跨行 5 次的自由人生探索之路

　　我的本科专业是动物生物技术，因为不喜欢第一专业，所以选修了工商管理作为第二学位。我那时候并不知道自己喜欢什么，只是隐约觉得自己比较擅长人际沟通，于是去了上海的一家生物私企实习做 HR，毕业后拿到了 HR 岗位的 offer。

　　但是，我觉得在上海这座大城市里，作为一个普通本科毕业生，我实在是太渺小了，看不见自己的未来。于是，我选择去英国读人力资源管理学硕士。硕士毕业后，我去了深圳一家外企做 HR。工作环境比较轻松，但是工作内容也很单一乏味，再加上每天 3 个小时的通勤时间，我觉得这不是我想要的生活。

　　后来，我考上了老家（一个五线城市）的国有银行，欢欢喜喜辞职回了家乡，以为这是一份"钱多事少离家近"的工作，却不承想自己还是不喜欢。也许刚毕业的那几年，我并不知道自己到底喜欢做什么，但是银行的工作却让我清楚地知道了自己不喜欢做什么。

　　我不喜欢重复机械的工作内容，不喜欢无意义的培训和会议，不喜欢同事之间因为年龄和职位而不平等的关系……

于是，在家人和朋友都以为我要安定下来，结婚生子，成为一个贤妻良母的时候，刚办完婚礼，我便不顾亲友的阻拦和反对，再次裸辞，这一次我选择了再次出国，去新西兰留学并移民。

从下定决心裸辞，到办理出国手续，只用了两个月的时间。我回到了校园，开始一边读书，一边打工。毕业后我顺利拿到了本地一家公司的市场营销岗位 offer，申请到了技术移民的永居签证。

我非常感谢我遇到的第一个新西兰老板维基（Vicky），她让我感受到了做一份自己喜欢的工作是多么幸福的事情。我终于在市场营销这个领域找到了自己的天赋和潜力。

我在新西兰的第一份全职工作，没有加班，没有复杂的人际关系，没有各种无聊的会议，老板和同事大部分都已经 50 多岁，但他们对待我就像朋友一样，我的任何建议和观点都能够被倾听和接纳，我可以在我的工作岗位上大展拳脚。

我也非常感谢我的老公陈先生，他愿意放弃原本前途无限的工作，和我一起裸辞来到新西兰白手起家，并且支持我做的所有决定，成为我努力实现理想生活的后盾。

喜欢的工作和幸福的家庭给了我非常多的滋养，每一天都感受到幸福充盈着身体，能量满满。我开始在业余时间做一些职业和人生发展的咨询个案，帮助更多人去倾听自己内心的声音，找到勇气去实现自己想过的生活。

经过了两年多的积累，我也成了一名国际教练联合会（ICF）认证的专业人生教练，正式开启了自己的教练事业。

2022 年底，我再次离职，把副业变主业，成为一名全职人生教练，之后结合品牌营销的职业经验，转型成为一名个人品牌教练，建立了自由人生教练平台，希望可以帮助更多人用热爱的事情成就一份事业，用自己的专业特长去赋能和帮助他人，让他人也能实现自己理想的自由人生。

从生物专业跨行到人力资源管理专业，从 HR 跨行成为银行客户经理，从银行客户经理跨行成为一个市场品牌经理，从市场营销经理跨行到人生教练，又从人生教练再次跨行成为一名个人品牌教练，我的职业探索之路是崎岖的，但也是宝贵的。我相信，人生没有白走的路，每一步都算数。

我也相信，这不会是我的职业终点，我的人生还有无限的可能性。

这本书是我的第一本书，总结了过去职业转型以及创业过程中的经验和心法，希望可以帮助更多人通过个人品牌找到和实现自己理想的自由人生。

目录

第 4 章
个人品牌：流量 ························· 55

第 5 章
个人品牌：营销 ························· 85

个人品牌打造地图

第 1 章

∴ ONE

1.1

为什么人人都需要做自己的个人品牌

很多人觉得自己只是个普通人，没有什么一技之长，打造个人品牌是一件离自己很遥远的事情。如果你也这样觉得，那就说明你根本没有弄明白到底什么是个人品牌。对一件事情还不太了解就急于拒绝，会让我们错失很多机会。

那么，为什么打造个人品牌对我们每个人来说都很重要呢？

1.1.1 打造个人品牌是个人成长的必经之路

不管处于什么年龄，我们都会有迷茫的时刻，不知道自己到底该往哪里走，比如要不要跳槽、要不要转行、要不要出国或者回国、要不要结婚生子等。

每一个人生路口，其实都给了我们一个探索自我和确立长期目标的机会。如果我们非常清楚地知道这一辈子的使命和人生目标是什么，就不会太迷茫。

打造个人品牌的过程，是不断地向内探索，去寻找自己的人生使命，挖掘自身的优势，做自己喜欢做的事情，去实现自我价值，同时还需要不断地高效学习，去提高自己的认知，扩大社交圈子。在寻找自己的定位，打磨自己的产品，尝试自我营销，以及与不同人沟通的时候，我们会不断地突破自己，看到自己的优势，发现自己的短板，然后有针对性地提升自己，真正实现个人成长，从而走出迷茫。

每个人都希望自己不断成长和进步，但成长不是今天读了几本书、明天听了几节课，而是不断地突破和改变自己，找到自己生命的意义，并且能够在自我实现的同时给别人带来价值。成长是需要去衡量的，而衡量的标准是我们内心的富足感、生活质量的提升，以及对自己当下的满足和对未来的信心。

除此之外，还有一个衡量标准是我们可以不依赖公司和平台，完全靠个人的知识和能力赚钱。

为什么有的人做不到自我营销？这不是因为他内向害羞。不敢自我营销，其实更深层次的原因是不自信，不敢去展示自己，害怕被拒绝、被批评。而不自信的原因是自己的内在知识体系还没有成熟，所以不知道如何转化和输出知识。

未来，人与人的区别就在于学习力，而学习力的区别就在于学习方式。未来的学习方式会是共创式和交互式，不再是老师单向输出，而学生只听课和做笔记。我们都知道最有效的学习方式就是输出和实践，如果我们还停留在单向吸收知识，不转化，不输出，不实践，不去和客户互动，不去展示和表现自己，那么我们的学习力就会比别人差，从而我们的竞争力也就会比别人差。

还有一点很重要，就是社交中的价值交换。如果我们自己是个很厉害的人，但我们没办法将自己的知识与技能传递给别人，无法帮助别人，那我们再厉害也和别人没有任何关系。社交的本质就是价值交换，我们打造个人品牌就是在创造自己的个人价值，让自己成为一个吸引别人连接自己、能够为别人创造更多价值的人。

所以，如果我们想成为一个终身成长者，想获得自由丰盈的人生状态，并且在自我实现的同时高效学习，不断提高自己的认知，那么打造个人品牌就是一条超车道。

1.1.2 打造个人品牌带来职业发展新机遇

如今，每个人都意识到自己的价值不一定只有在工作中才能体现，打造个人品牌、学会自我营销能够帮助我们获得更好的职业发展机会。

当每个人都开始有意识地进行自我探索和技能输出的时候，未来的职业形态会越来越多元化。我们要想获得每一项主业之外的管道收入，就需要打造和沉淀个人品牌。那么打造个人品牌其实就是每个人的必由之路。

我们都在教育孩子要主动学习，其实很多成年人并不会主动学习。如果我们只接受学校和公司教给我们的东西，那我们的人生就只有一条路可以选择。一旦这一条路走不通了，我们就会感到绝望，因为我们一直都在被动地接受别人教给我们的知识和价值观，人生似乎只有一个选择，那就是考好大学，找一个稳定的工作，却没有看到人生其实有很多条路可以走。

我们真的没有别的选择了吗？当然不是，我们可以在工作之外去挖掘和发挥自己的爱好与特长，多体验一些不同的职业，但这也意味着我们要比别人付出更多，牺牲更多的娱乐时间和社交时间等。

有的人既想做个人品牌，又觉得工作太消耗自己了，所以下班后什么都不想干，虽然特别想改变现状，但又没有时间和精力。如果我们也这么想，那么谁也帮不了我们，因为我们觉得自己很累而不想去努力打造个人品牌，不想去学习新的事物，这是我们的主观选择，我们选择了下班后留在舒适圈中，然后继续在工作里煎熬。

线上办公让越来越多的人实现了时间自由、地点自由的人生状态，财富自由、提前退休也是越来越多人的梦想，尤其是现在的年轻人，已经不像上一辈人，一个工作一干就是一辈子，他们更追求个人价值的自我实现，追求自由的生活状态。那么，打造个人品牌就是实现自由人生的必经之路。

1.1.3 打造个人品牌是互联网时代的竞争产物

以前我们找工作，只需要和当地人竞争，而现在线上远程办公已经越来越普及，未来将会是全球人才共同竞争。企业招聘不再受到地域的限制，每个人都需要在互联网上去展示自己，让自己的能力被更多雇主看到。

线上消费的普及也让企业的商业模式发生了改变，无论是什么行业的企业都开始开展线上业务。线上可以触达的消费群体更广，但是这就更需要企业有独特的卖点和吸引力。我们会发现越来越多的创始人开始打造自己的个人IP，因为产品同质化很严重，产品是死的，但人是活的，每个人都是独一无二的。靠个人品牌去吸引消费者并创造利润，已经是很多企业的营销策略。

此外，线上教育的普及也让每一个普通人都可以打造知识IP，实现知识转化，个体创业变得越来越简单。很多现在很火的职业或行业都是互联网的产物，而这种变化也会导致教育趋势的变化，在上学之外，我们的孩子必须学习互联网的知识，比如编程、使用社交媒体等。我们在工作中也会用到很多互联网的产物，比如线上会议App、线上打卡App等。

要跟上时代的发展，我们和我们的孩子都需要知识付费。

1.1.4　打造个人品牌就是在打造自己未来的社交名片

大家都知道元宇宙这个概念，什么是元宇宙？ 我们可以把它理解为通过网络、VR 等技术创造出来的可以随时让人们沉浸式体验的虚拟世界，人们能在这个虚拟世界里重新建立文明与秩序，发展出与现实世界类似的虚拟世界。

我们也可以将微信生态看作元宇宙。因为微信上有我们的社交身份，有我们的关系链，有我们使用应用的足迹与数据记录。我们可以将远程办公看作元宇宙，因为在远程办公的软件上，我们分配任务，创造价值。只是相对于真正的元宇宙，我们现在的互联网还简单得多。

互联网的发展让每个人都可以在现实生活之外，创造出另一个在线上生活的自己。比如自媒体上的我们、社交软件上的我们，其实都是我们自己在线上的一个虚拟身份。现在互联网上的自己甚至比现实生活中的自己更加重要，因为我们的很多社会关系都已经转移到了线上，我们和领导、同事、亲戚、朋友的交流沟通更多时候都从线下转到了线上，所以别人会通过我们在线上展示出来的那个自己来认识我们。

未来每个人可能都会有线上的虚拟身份，就像我们现在的很多社交活动都转到了线上，线上会议、线上聚会、线上演唱会等。在互联网上我们可以认识世界各地的人，而不仅仅是生活中可以接触到的人。因此，未来的机会都是在互联网上。而打造我们的线上个人品牌也会越来越重要，因为它会成为我们未来的社交名片。

看到这里，对个人品牌打造完全不了解的伙伴可能会有些焦虑。这完全没有必要，因为我们现在开始还来得及。就像电脑刚刚出现的时候，它对很多人来说是一个全新的、很难学习的东西。但是我们会发现，后来人人都学会了使用电子产品，差别只在于有的人学得早，可能小时候就会用平板电脑了，而有的人学得晚，可能 50 多岁才被逼着不得不学习使用微信支付。

　　所以我们什么时候开始做一件事都不晚，就像那句老话说的："种一棵树最好的时间是 10 年前和现在。"

1.2
个人品牌打造地图

　　我把个人品牌打造地图分为 5 步（图 1），分别是定位、产品、流量、营销、交付。本书会围绕这 5 个步骤详细拆解个人品牌打造的路径和方法。

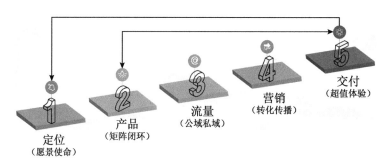

图 1　个人品牌打造地图

　　如果你看懂了这张个人品牌地图，那么就能清楚地知道要如何从 0 到 1 一步步地去打造自己的个人品牌，已经开始打造个人品牌的朋友们也可以清晰地知道自己目前正处在哪一步，接下来要走的是哪一步。

同时，个人品牌打造地图上的 5 个步骤并不是单纯地线性排列。比如你在交付之后需要回到定位上去进行调整，还需要回到产品上去迭代，在打磨产品的时候，也需要提前考虑到产品的交付流程。

那么如何快速理解这张地图呢？

1.2.1　第一步：定位

定位的关键是找到自己的愿景和使命。

很多人把打造个人品牌的目标理解为赚钱，但是赚钱的背后其实是为了实现自我价值。所以，如果我们决定要去打造自己的个人品牌，在考虑定位的时候，应该首先问自己：我最想过的生活是什么样子？我这辈子想实现的目标是什么？我可以为社会和他人创造什么价值？我的人生使命、愿景、价值观是什么？

比如我的私教学员索索在就读博士期间被确诊患有多动症，于是她在博士退学后开始学习多动症相关的知识，并且成为一名认证的多动症教练，希望可以科普成人多动症相关的知识，帮助更多人正确认识和了解多动症，同时也希望可以通过做个人品牌，让更多的多动症患者在除了进行药物治疗以外，还可以寻求多动症教练的帮助。

索索在 30 多岁确诊患有多动症之后，才意识到自己过去有很多异于常人的思维和行动其实是因为她有多动症。而一直以来都是学霸的她，在名校从本科生一路读到博士，虽然多动症给她带来一些行动力上的困扰，但是也让她拥有了超乎普通人的记忆力和快速的学习力。她发现很多人对多动症有误解，于是希望可以通过打造个人品牌，成为一名专业的多动症教练，在一边自我疗愈的同时，一边帮助这个群体。这就是她的人生愿景和使命。

做个人品牌，其实就是找到自己的愿景和使命，然后不断提升自己的优势技能，去实现长期的人生目标，过上自己理想中的生活，在自我实现的同时去创造价值。

因此，打造个人品牌是一件长远的事情。一件我们可以坚持去做的事情一定要符合我们的长期目标，否则我们就很容易半途而废，或者中途被其他的因素干扰而产生自我怀疑。

1.2.2　第二步：产品

找到了符合自己人生愿景和使命的定位之后，我们需要聚焦在这个定位上去打磨自己的产品。

普通人可以快速做出的一个最小可行性的产品（Minimum Viable Product）就是咨询。回忆一下，在生活中，我们是否会收到来自亲朋好友的一些咨询呢？比如我们出国留学以后，一些亲戚朋友可能会咨询我们如何申请国外学校以及国外生活相关的事项；比如我们生完孩子以后，一些亲戚朋友可能会咨询我们备孕、怀孕或生孩子相关的注意事项等；比如我们刚刚找到某个行业的工作，也许会有一些亲朋好友咨询我们找工作、换行业相关的事情。

咨询的本质就是利用信息差。只要我们懂的比别人多一些，我们就可以提供咨询的产品与服务来帮助别人。

知识转化是普通人打造个人品牌最快的方式之一。每个人都有自己独特的经历和擅长的知识领域，只要我们善于总结经验，乐于分享，我们拥有的经验和知识就可以为别人创造价值，从而实现转化。

但是，如果我们希望自己的个人品牌更具影响力，希望自己的经验与知识可以通过产品发挥出更大的价值，或者希望通过打造个人品牌创造更多的财富，那么我们就不能只有简单的一对一咨询产品，而是要有一个完整的产品矩阵，实现商业闭环。

在第 3 章我们会详细讲解如何去设计自己的产品矩阵。

1.2.3 第三步：流量

当我们有了产品，如果想要把产品的价值传递出去，就需要去宣传产品，让大家知道这个产品，以及去哪里可以体验和购买这款产品。

就好像一家企业生产了一款新的饮料，那么可能会把这款饮料放到各大超市和餐厅去卖，也可能会放到互联网上去卖。同时，企业还需要做一些广告宣传，让消费者知道这个产品，看到这个产品，并且知道如何购买这个产品。

如果我们刚开始做个人品牌的时候，以咨询服务作为我们的主打产品，那么我们就需要让更多人知道我们在做咨询，了解我们的背景和专业，并且能够找到我们的联系方式，那么他们在有需求的时候就会来咨询我们。这个自我宣传的过程就是在给自己的个人品牌引流。触达到的潜在目标客户就是个人品牌的流量。

去哪里给自己引流呢？我们通常把流量分为公域和私域。

公域的例子如一些自媒体平台，这样的平台是一个开放的场域，自媒体平台的内容人人都可以看到。我们可以去知乎、今日头条上写文章，可以去小红书、抖音上发视频，通过这些自媒体平台来介绍自己和产品，让更多人看到和认识我们。

私域的例子如微信朋友圈，朋友圈发的内容只有我们的微信好友才能看到，因此它是一个相对封闭的场域。但是在这个场域里的人基本上已经与我们认识了，所以比较容易建立信任，在私域营销自己，成交转化率会更高。

在流量这一步，要找到适合自己的广告投放渠道，精准触达目标客户，吸引来的人才会是潜在的客户。

1.2.4 第四步：营销

当我们有了流量，被越来越多人看到和知道，想要把产品卖出去，实现转化、传递价值，中间一定少不了营销。

仅仅让客户认识我们是不够的，需要让客户购买我们的产品，才能够把我们的价值通过产品传递出去。那么转化客户的过程就是做营销。

很多人以为营销就是销售，其实营销并不仅仅是促进成交，而是一个复杂的漏斗式筛选过程，从客户了解我们的产品，到考虑和对比市面上的同类产品，再到购买体验产品，再到复购，最后愿意去主动推荐产品，这才是一个完整的营销过程。

在第5章我们会详细拆解营销漏斗的每一步。

1.2.5 第五步：交付

很多人刚刚开始做个人品牌，以为客户购买了产品，做个人品牌的目标就达到了。其实当第一批客户购买了产品时，我们的个人品牌之路才刚刚开启，因为能否让客户从产品中有所收获，我们的个人品牌是否能够真正建立起来，是否能够可持续地发展，其实重点在于个人品牌地图的第五步——交付。

比如我们的产品是一对一咨询，当客户购买了我们的一对一咨询，我们能否专业高效地做好咨询交付，让客户在咨询过程中有所收获，真正帮助客户解决问题，并且有可落地实践的方案，这个交付的过程和结果才是我们个人品牌打造的重中之重。

产品足够好，是客户下单的前提，而交付足够好，才是客户满意的基础。只有让客户满意，客户才会愿意复购和推荐，才能证明我们的个人品牌是有价值的，能够真正给予别人帮助。

在设计产品的时候，我们就需要考虑到交付的流程，而不是等到客户下单以后再去想如何交付。一个专业的交付流程会让客户感受到超值的体验，也因此会更乐于给我们好评，或者为我们推荐新的客户。而客户的好评可以帮助刚刚打造个人品牌的人建立自信心，客户的推荐也可以帮助我们更快地获取新的流量，从而实现完整的商业闭环。

1.3
个人品牌打造中常见的 5 个错误

个人品牌打造地图的 5 步（定位、产品、流量、营销、交付）中，每一步都有一些常见的误区和容易犯的错误。

1.3.1 定位错误：没有和自己的愿景、使命与长期目标联系起来

有的人找个人品牌定位的时候总是在纠结，不了解自己真正想要什么，也不知道自己擅长或真正热爱什么。有的人看见别人在做什么，就跟风去学习，去尝试，就算找到了定位，开始做个

人品牌之后也会很容易受到外界的影响而产生自我怀疑。

市面上教找定位的课程，都会教大家从自己热爱的、喜欢的和擅长的事情出发去找定位。但是，我们自以为喜欢、热爱和擅长的事情，是不是自己想要一辈子去做的事情呢？还是只是目前比较喜欢和擅长的事情？或者是因为看见别人做而觉得挺有趣，就以为自己也喜欢？

其实找个人品牌定位的时候，我们更应该去思考的问题是，我们做这个定位的个人品牌，是否可以达到我们最终想要实现的人生目标？它跟我们的人生意义、使命、梦想有什么关系？这些问题才是定位的根本。否则，随便找一个定位做下去，我们的决心和毅力绝对不足以帮我们去克服这个过程中遇到的困难，这就是很多人会半途而废的原因。

在我做人生教练的过程中，遇到的大部分客户都会纠结于眼前遇到的某个问题，比如要不要出国、要不要换工作、要不要放弃一件事情等。其实，如果我们特别清楚自己的长期目标、人生愿景和意义，知道自己最终想要实现的人生价值，我们就不会去纠结当下的这些问题，因为从我们最终想要实现的人生目标倒推回去看现在的困难和纠结，很多问题都会迎刃而解。

我们只需要问自己一个问题："我眼前的这个选择能不能通向我最终想要实现的人生目标？"这就是《高效能人士的七个习惯》这本书里讲过的以终为始、目标导向型的思维习惯。

举个生活中最常见的例子——夫妻关系。大家都想有美好的婚姻和家庭关系，但是柴米油盐的生活中肯定会发生一些争吵，当我们很生气，很想去吵赢，甚至去刺激对方的时候，我们只需要问自己："我这么做，能不能为我带来更好的婚姻和家庭关系呢？"一个目标导向型的问题就能告诉我们该不该去做一件事。

很多人都羡慕自由职业者，我也是其中一个，我的人生目标就是过自由的生活，包括时间自由、地点自由、财富自由、灵魂自由。在我转型自由职业之后，我的前同事和老板也一直给我介绍工作，但是我内心很坚定，不想再回去工作，我就是想试一试，能不能换一种工作方式去实现自己内心真正想过的自由生活。

如果我真的很努力地尝试过，就算最后没有实现，大不了我再换个赛道，或者就回去上班。比起光在脑子里想，光去羡慕别人，只有自己尝试过了，才不会后悔，不会有遗憾。

每个人做个人品牌的目标可能不尽相同。有的人想转型做自由职业者或者自己创业，有的人希望有一份副业收入，有的人希望可以做喜欢的事情，实现自我价值，还有的人希望通过打造个人品牌提升影响力和竞争力，实现个人成长和突破。

无论是哪一种目标，在我们去寻找个人品牌定位的时候，一定要让它符合自己的长期目标，我们的定位是通往自己最终想实现的生活状态，并且是符合自己的价值观的，是发自内心想去坚持做的事情。否则，我们会这个学一下，那个试一下，会很累、很忙，但是很难出结果。

同时，定位并不是定终身，定位是需要在实践中进行调整的。就好像我们并不是一出生就知道自己这辈子适合做什么工作，很多人都是在尝试过不同的工作之后才终于找到自己喜欢的职业。

如果我们目前依然很迷茫，并不是很清楚自己的长期目标、愿景和使命，那么就先找一个定位去尝试，先定位于一个你喜欢的事情，去把个人品牌地图走一遍，去学习和实践，在行动的过程中慢慢去摸索自己的价值观和使命感，从而找到自己的长期目标。

人生的使命不是自己闷头想出来的，而是用行动去收集反馈，用反馈去修正方向，最后慢慢摸索出一条越来越清晰的道路。

完成比完美更重要。很多人无法成功的原因，不是不知道方法，而是过于追求完美，无法开始行动。

1.3.2　产品错误：只有单一的产品，没有产品矩阵

有的人只做一对一咨询，或者文案撰写、海报设计等单一产品，一份时间换一份钱。如果我们只是想多一个副业收入来源，那么完全可以只有一款产品。

但如果我们想真正建立起自己的个人品牌，提升自己在一个领域内的专业度和影响力，或者通过做个人品牌来代替主业，挣更多钱，转型自由职业甚至实现财富自由，那么只有单一的产品肯定是不行的。

因为，如果只有一个简单的产品，那么我们好不容易引流来的客户体验一次产品就走了，我们没有其他的产品可以留存客户。同时，单一的产品也无法让我们在定位领域持续精进和提升自己，很难去扩大自己触达的客户数量，也很难去提升自己品牌的影响力。

大家会发现，几乎没有一个公司只有一款产品，每个公司都是有自己的产品线和产品架构的。就算我们发现一个公司只有一款产品，那它也是可以批量生产的、可复制的产品。但我们做个人品牌，做知识付费，我们的时间是不可复制的，只能去想办法让自己的产品能够可复制并进行交付，实现时间的复利，比如做课程。课程就是一个产品，做出来后可以反复去卖，只需要不断更新内容就好了。

普通人打造个人品牌，最快和最低成本的方式就是售卖自己

的经验知识，成为一个知识 IP。而成为知识 IP 的过程，其实也是普通人快速学习和提升自己的过程，因为我们需要大量的学习和输出才能成为一个领域的专家。

对于知识 IP 的个人品牌打造，课程是肯定要做的，因为课程可以帮助我们实现时间的复利，可以一对多地去交付，从而扩大我们的影响力。而做课程的过程，其实就是在实践费曼学习法，用系统输出来倒逼自己输入和学习，从而成为一个知识 IP。

但是即便我们有课程产品，也不能只有一门课程，如果课程是一个爆款产品，那么前端可以有咨询，后端可以有私教，这样就是一个产品矩阵了。有了产品矩阵，我们才能留存客户，才能真正最大化地发挥出自己的价值和影响力，实现商业闭环，让我们的个人品牌可持续地发展下去。

因此，在产品这一步，常见的错误就是只看到了眼前，只想到了去做一个单一的产品，没有想到如何让自己的个人品牌实现可持续发展。

想要个人品牌能够可持续地发展下去，就需要有前瞻性的商业思维和布局，要把个人品牌当成一个长期的事业，而不仅仅是眼前的一份额外收入。

1.3.3 流量错误：只想着去做流量，但是没有引流到产品上

有的人刚开始做个人品牌，就去做短视频、小红书、公众号，做得很辛苦，却没有转化，没有任何市场反馈和结果，就是因为没有引流到自己的产品上，或者还没有想清楚自己的转化渠道和商业模式。

现在人人都在玩自媒体，刷小红书、抖音、微博、公众号等，我们每个人都有自己的自媒体账号，同时每个人又都是自媒体的用户。很多人玩自媒体时就会羡慕别人的账号有粉丝，于是就想学习一下如何做自己的账号，如何涨粉。

如果你只把目标放到涨粉上，那么很可能就算有百万粉丝也很难实现转化，因为涨粉只是个人品牌打造地图上流量这一步的一个环节，如果你看不到个人品牌打造地图的全貌，你就不明白为什么别人粉丝很少却可以赚到钱，而你百万粉丝却很难转化。

自媒体运营也是有逻辑的，要想清楚转化的商业模式是什么，不同的商业模式运营自媒体的方式是不一样的。

如果你是专门卖账号的，那你可以随便找一个定位去发内容，只要把粉丝数量积累起来了，你就可以把这个账号卖给别人来赚钱。

如果你是靠接广告赚钱的，那就要有精准的定位领域，内容要优质，适合穿插软广告。比如一些母婴博主发自己的育儿短视频，然后接一些母婴用品的广告，这就是一种商业模式。对于这种转化方式，内容优质和垂直是非常重要的，粉丝量和互动黏性也很重要。

还有的人做自媒体只是为了引流到课程和咨询上，那么就不用太在乎粉丝数量和互动量，而是需要更在意引流成交的转化率。

做个人品牌，要先看到它的全貌和底层逻辑，而不是只看到其中一个环节。在不清楚定位、没想好商业模式的时候，你在自媒体上发布内容很可能是在"自嗨"。发自己想发的内容，但是并不知道要吸引什么样的粉丝。即使你的粉丝量再大，也可能很难实现转化。

如果人人都是你的客户，那你就没有客户。只有当你想清楚自己的定位，设计好产品和商业模式，你才知道如何去做自媒体，精准地吸引客户，促进成交。

这其实也是很多人做不好自媒体的原因。很多人辛辛苦苦地拍视频、写文章、做内容，但根本没人看，就是因为内容没有跟定位和产品联系在一起，别人不知道他们要干什么，要表达什么，也不知道跟他们连接有什么价值。

你只有先把定位弄清楚，把产品准备好，然后开始做优质的内容，去精准吸引粉丝，再引流到自己的私域或者交付平台上，去进行精准营销和成交，这个流量转化的流程才是有效的。

1.3.4 营销错误：轻视营销，或直接把客户带到成交这一步

很多人对营销有误解，有的人瞧不起营销，觉得做营销很俗气，谈钱很俗气，在微信朋友圈发广告很俗气，好像只有缺钱的人才会卖力地去做营销。

尤其是有的人有一种"酒香不怕巷子深"的心态，觉得自己足够厉害，不需要去营销自己，客户爱来不来。如果你也有这样的想法，真的没人会来找你。

"酒香不怕巷子深"的时代已经过去了，现在竞争激烈，几乎所有的行业都是买方市场，也就是主动权和选择权在买方的手里，消费者可以选择的产品太多了。你不营销自己，客户根本就不知道你，当然也不会选择你。

你觉得自己很厉害，自己的产品很好，这是不够的。只有在市场上，有人愿意为你付费，你的产品才是真的好。市场的价格和客户的反馈才能代表你的真实水平。我遇到很多客户，自身的能力很高，履历很好，但是他们的知识和技能就像水壶里煮饺子，

倒不出来，就算他们学富五车，才高八斗，如果输出不了，帮不了别人，那么他们在个人品牌的市场上就是没有价值的。

商业的本质就是利他。做个人品牌不是凭借自己多么厉害，而是要会输出，能帮别人成为厉害的人，这样个人品牌才能做起来。

做个人品牌，自我营销是不可或缺的一部分，如果你对自己很有信心，那么就应该敢于去营销自己。如果你自信心不足，那么更应该练习自我营销，去锻炼和提升自信心，因为自信是获得成功的关键。

还有人敢于营销，但是以为营销就是卖东西，于是客户来了就使劲去推销自己的产品，讲自己的产品多么好，想尽快把它卖出去，这也是典型的错误。

回想一下你买东西的过程是怎样的。比如说你想买一台打印机，然后你开始上网去搜打印机的信息，这时候你会搜出来很多个品牌，然后你会去看这些品牌的打印机的功能和价格，去想自己对打印机的具体需求是什么，再去和这些不同品牌的打印机匹配，比较性价比，看看客户评分和评价，最后你才会下单购买。这才是你买东西的成交过程。

如果你想到商场里实地看看不同品牌的打印机，但你刚进商场的门，就来了个售货员，他拉着你就是一顿推销，说自己家的按摩椅多么好，然后今天还有折扣，让你一定要买……你会不会觉得很烦人？一方面，你是来买打印机的，不是按摩椅，这个售货员根本就没有弄清楚你的需求；另一方面，他的营销味儿太浓了，很明显就是想赚你的钱，就会让你本能地反感。

所以做营销要先弄清楚客户的需求，通过营销漏斗一步一步地把客户带到成交那一步，而不是一上来就去推销产品，想让客户立刻付款。

1.3.5　交付错误：没有提前设计好产品交付流程

我有一些学员，把个人品牌地图的前面4步都做完了，有了订单并成交之后，才开始想要如何交付，或者根本就没有去设计交付流程。

比如刚开始做咨询，在微信朋友圈发了广告之后，有人付款了，于是就立刻打一通电话过去，随便聊一聊，回答客户的问题，以为这就是做咨询。如果你只是回答客户的问题，那么你只是在做答疑，而不是在做咨询。

如果我们要成为一个专业的咨询师，即便是一个简单的咨询服务，也应该有专业的服务流程，而不是随便打个电话那么简单。做咨询也不仅仅是回答客户的问题，而是要有完整的咨询流程，掌握谈话的节奏，挖掘客户真正想实现的目标，并且帮助客户去行动和解决问题。

做一对一的咨询是打造知识IP的第一步，但是万事开头难，先把自己的一对一咨询服务产品打磨好，让它专业化，我们才能拥有第一批种子客户，并且大量的一对一咨询可以帮助我们了解到真实的客户需求，提升自己对定位市场的敏锐度，所以做咨询是打造知识IP的基础。

一个想要打造个人品牌的咨询师应该重视交付这一步，因为交付能够让客户满意，客户才会继续来找我们咨询，或者给我们介绍新的客户。

交付其实应该是我们在做产品的时候就考虑到的，产品和交付是相关联的，也就是说我们在设计自己的产品矩阵的时候，就要考虑到这个产品要如何交付给客户，如何让客户满意，如何留存客户，甚至如何让客户转介绍。

　　交付这一步决定了客户感受到的服务和价值，客户感知的价值就是我们的产品真实的市场价值。还是那句话，我们觉得自己的产品好没有用，我们要让客户觉得它好。

　　那如何让客户觉得我们的产品好？就是要有完善的交付流程。

　　我们的每一个产品在客户下单之后都应该有一个详细的交付标准操作程序（Standard Operating Procedure，SOP）。比如一对一的咨询，应该有咨询前的评估、咨询中的环节、咨询后的回访。而这些，需要我们在推出一对一咨询服务产品的同时就考虑到。

　　个人品牌地图上的这 5 步是层层递进但又环环相扣的。以上是我们在做个人品牌每一步上常见的误区和容易犯的错误。后面的章节会详细拆解每一步在实践中的技巧和方法。

个人品牌：定位

2.1

1 个方法精准了解客户

做个人品牌的第一步就是找准自己的定位，但是找定位的第一步又是什么呢？是做市场调研。

很多人在最开始就本末倒置，比如一开始打造个人品牌就去做自媒体，想要通过自媒体引流，却发现就算把账号做到了几万粉丝也很难转化，因为没有产品去承接流量。

在定位上也是一样，有一些人一开始就去苦思冥想自己对什么感兴趣、有哪些特长、能卖什么产品，但其实如果你想让自己的定位更精准，并且能够快速转化，在定位的第一步应该先去做市场调研，也就是去研究市场上缺什么，客户的需求是什么，然后用你的特长去填补这个需求，那么你的定位产品就可以更快地转化。

用自己的特长去匹配客户需求，才是最快找到精准定位的方法。

市场调研听起来很复杂，但其实每个人都可以非常快速地去完成一个简单的市场调研，那就是去了解你的微信人脉圈。

对于刚入门的个人品牌打造者来说，不建议舍近求远，因为最好的资源和客户就隐藏在你现有的人脉圈里。只要你能够好好利用身边的人脉，就可以先把自己的个人品牌推广出去，收获人生的第一桶金。

那如何去做微信人脉圈的市场调研，挖掘出现有人脉圈的潜在客户呢？

2.1.1 查看自己的微信通讯录和好友人数

微信的好友数量就是你目前的社交圈子和私域流量。微信好友人数是你的客户基础，在营销转化率一样的情况下，你的好友人数越多，那么为你的产品下单的人数就越多。如果你微信里有5000个人，你在朋友圈营销自己的产品，按照 1% 的转化率，可能会有 50 个人成交。但如果你的微信好友只有 500 个人，同样 1%的转化率，就只有 5 个人成交。

这就好像你为实体店选址，同样的店铺开在人流量多的商场里面，进店购买的客户数量一定比开在偏远小镇的客户数量要多。

因此，如果你的微信好友只有几百个人，那么你可能需要从现在起开始去积累好友人数了，也就是去提升自己的私域流量。

微信是人们最常用的社交平台，人们几乎所有的人脉关系都在微信里。如果你目前的微信好友人数很少，那就说明你打造个人品牌的难度会比较大。因为微信好友人数少，说明你前期在人脉上的积累较少，个人影响力相对较弱。

社交的本质是价值交换。如果你之前没有输出的习惯，别人可能并不知道你的价值，也自然不会和你连接。因此，你的社交圈子就会相对较窄。现在你有了做个人品牌的意识，就要开始去输出价值，扩大自己的社交圈子，提升个人影响力，让别人愿意主动来连接自己。在这个过程中，你也会通过和不同的人连接，从别人的身上学习，来提升自己的认知和思维，从而实现快速成长。

我在 2017 年刚到新西兰的时候，身边的朋友、同事都处在结婚生子的年龄段，所以对奶粉的需求很大，就开始托我代购新西兰的奶粉。因为我有全职的工作，所以只能业余时间做代购。为了方便，我就新建了一个专门做代购、发广告的微信号，两年之后，我的代购微信好友增加到了近3000人，我的代购社群也从几十个人慢慢增加到400多人。

这几年来，一直在我的微店回购的客户都是我社群里的人。我查看了数据，在这400多个社群客户当中，两年内消费1万元以上的只有65个人，最高消费是6万多元。也就是说，我真正的忠实客户和高端客户只有65个人，这65个人的消费在两年的时间里创造了近200万元的销售额。

我举这个例子是想告诉大家，就算你现在的微信好友人数很少，但只要你有100个忠实的粉丝和客户，那么你一样可以实现转化。当你有了做个人品牌的意识，就可以从现在开始，去慢慢积累自己的微信好友人脉，扩大个人影响力。

2.1.2 给现有的微信好友添加备注和标签

给微信好友添加备注和标签是非常好的一个习惯，也是帮助我们高效管理微信人脉的方法，这个过程其实就是我们精准了解和筛选潜在客户的过程。

在我们梳理微信好友的时候，应该从以下4个角度去了解他们，并且为他们添加备注和标签。

第一，基本属性。比如性别、年龄范围、地域位置等。

第二，社会属性。比如从事的职业背景、身份角色、收入水平等。

第三，行为属性。比如他们的购物和消费偏好，他们的钱都花在哪里了。这个其实是很容易通过对方的微信朋友圈去发现的。

第四，心理属性。这些人的价值观是否和你一致，他们的兴趣爱好是什么，时间都花在哪里了。同样，我们去观察一个人的微信朋友圈，很快就会发现这些问题的答案。

在给微信好友添加备注和标签的时候，并不需要把所有的细节都加上去，也不需要逐个去添加备注和标签。有一个便捷的方法，就是从群里给好友添加备注和标签。

一般来说，在一个微信群里的人大多有共同的属性。比如社区的团购群里面一般都是我们的邻居，那么我们就可以新建一个标签"邻居"，然后选择"添加成员"，再选择"从群里导入"，就可以把社区团购群的好友成员都添加上"邻居"这个标签了。

同样，你学习某个课程的社群、你参加的线上活动的社群、你孩子课外班的社群等，都可以用这种方法，快速给与你在同一个群里的好友添加备注标签。在这个过程中，你就会发现自己现有的微信通讯录里面的好友大多是来自哪一个微信社群，你们之间有什么关联，同时，你也会发现，你微信好友里什么样的人群较多。比如你的同事比较多，或者是你参加兴趣课程认识的朋友比较多，又或者是你在某个行业领域认识的客户比较多。

整理一下自己的微信通讯录，你可能会惊讶地发现，自己的微信人脉圈的资源其实非常多，你会发现自己的人脉圈聚集在某个领域，从而可以判定自己在该领域拥有更多的信息资源。有些人或许你都忘了是谁，那么也可以趁此机会打声招呼，互相自我介绍一下，重新添加上备注信息。

2.1.3　根据微信好友的备注和标签画出目前可触达的客户画像

梳理自己的微信好友的背景情况，其实就是最简单的市场调研。去调查这些微信通讯录里你最容易触达的人群，他们的画像是怎样的，就可以知道你的微信好友里大多数人的潜在需求是什么。

举个例子，如果你现在刚生完孩子，在你专注育儿的这个阶段，你可能会参加很多线上的育儿活动，或者学习一些线上的育儿课程等，你就会不自觉地去接触和认识很多和你一样刚生完孩子，专注育儿的父母。因此，你的微信好友里会有越来越多和你一样关注育儿的人。因为你们都有共同的需求，那就是学习育儿方法，或者购买育儿相关的产品。

如果你发现自己的微信好友里有一半都是关注育儿的宝妈宝爸，并且能够敏锐地发现大部分人处在育儿的哪个阶段，他们最主要的需求是什么，那么你就可以很快地去找准这个最容易触达的客户需求点，再去根据自身的条件开发出对应的定位和产品，去满足他们的需求，从而实现转化。

拿我自己来举例子，我在学习做人生教练之后，我的微信好友里的人生教练就越来越多了。但是我发现大家都有一个普遍的痛点，就是花了几万元学习当人生教练，却找不到真实的客户，无法将教练技术转化。

我在国内的人生教练圈中做了一场小范围的市场调研，调研结果显示，近80%的人生教练希望通过人生教练技术帮助别人，同时实现转化，但是不知道如何找客户和营销自己。这个调研更加让我肯定了很多人生教练都有寻找真实客户或者转化的需求。

而我在刚学做人生教练的第一年就积累了80多个外部客户的案例，我学市场营销，之前在企业里做品牌营销，业余还一直在做自媒体，我有很多内容和技巧可以分享给大家，去帮更多人生教练实现转化，因此我的"个人品牌商业秘籍课"应运而生。

我发现了身边人生教练的需求，从自身的角度出发，挖掘自己的品牌营销特长，然后将自己重新定位为个人品牌教练，做出了个人品牌课程产品，去满足大家的需求，所以我的课程做出来之后很快就有很多人报名。

这就是前面提到的找到精准定位，快速实现转化的逻辑。先从现有的人脉圈出发，去寻找大部分人的痛点和需求，然后用自己的特长和专业去匹配他们的需求，那么你的定位和产品就可以快速获得客户，并取得成果。

这也是从目标客户出发去找定位的方法。如果你现在想去做自己的个人品牌，想要快速得到转化结果，就可以先从自己的微信人脉圈出发，从最容易触达的目标客户出发，去找到他们的需求，然后去设计自己的定位和产品。

2.2
4 个要素找到高价值定位

很多人都知道定位的 3 个关键要素：职业专长、兴趣爱好、市场需求。但往往会忽略第 4 个要素——目标客户触达。

从这 4 个要素出发去寻找定位，你一定可以找到很多你可以去打造个人品牌的方向。而一个高价值的定位，需要同时具备这 4 个关键要素。也就是这 4 个关键要素的交集，才是一个高价值的定位（图2）。

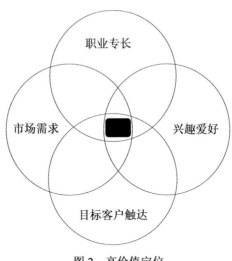

图 2　高价值定位

2.2.1　从自己的职业专长出发

寻找擅长的事情可以从两个方面考虑，一个是你的专业硬技能，另一个是你的天赋软技能。

你之前的专业背景和职业经验已经是你区别于其他人的优势和积累了，是你已经具备的能为你背书的优势，从这个角度去寻找定位就更容易获得别人的信任，而且做自己专业领域的事情会更容易出结果。

比如你是设计专业出身，从事过很多年的设计工作，那么就可以从设计出发去打造个人品牌。比如你是英语专业毕业的，有教学经验，那就可以继续做与英语老师相关的个人品牌。

如果你觉得自己并不是那么擅长所学的专业或者从事的职业，你也可以从软技能出发去考虑自己比别人擅长的事情有哪些。比如人际沟通能力、文案写作能力、演讲表达能力等这些软技能，如果你在这些方面比别人更擅长，那么这些方面也可以成为你的个人品牌定位的切入点。你可以成为一个教演讲和沟通的老师，教别人如何演讲，如何与他人沟通，或者你可以成为一个帮助别人写商业文案的写手，用你的文章给商家引流，提升销售业绩。

总之，你可以用你的经验和知识帮助别人。

在生活中，可以去询问身边的亲戚朋友，他们觉得你在哪些方面比较擅长。有时候我们习以为常的技能和知识在别人眼里是很了不起的。尤其是隔行如隔山，在一个行业里被当作常识的信息，在外行人看来很可能是天方夜谭。

你也可以去观察，身边的亲戚朋友大多会来问你什么问题，或者需要你给予什么样的帮助。这些可能也是你比其他人更擅长的地方。

每个人都有自己与生俱来的潜力，只是很多人还没有挖掘出来。寻找自己擅长的事情的过程，其实就是在挖掘自己的潜力和优势。如果你能够通过打造个人品牌找到自己的天赋优势，把它们放大并发挥出来，创造价值，你就会更容易成功，也会收获成就感和快乐。

2.2.2 从自己的兴趣爱好出发

打造个人品牌是一件需要长期坚持的事情，所以一定要去做自己喜欢的事情、自己真正热爱的事情。如果你从来没有向内探索过，没有追问过自己的内心你到底想要什么，一直受环境的影响或周围其他人的要求而按部就班地生活，那么很可能你根本不知道自己热爱什么。

很多时候，以为自己很喜欢一件事情，结果却根本没有尝试过，或者尝试过但无法坚持下去，那么或许并不是真的喜欢，而是看见别人做得很好，引起了的好奇心而已，或者受到外界因素的影响，大家都说这件事情好，于是你也随波逐流，以为自己也喜欢做这件事。

比如我之前有学员说自己特别喜欢读书，想要成为一个读书博主。结果一个月过去了，她都没有读完一本书。其实她只是看见小红书上很多人做读书博主，觉得这个很简单，同时又能逼自己学习，她觉得自己是一个喜欢学习的人，于是把学习和读书画了等号，就以为自己很喜欢读书，也可以成为一个读书博主。

判断自己是否真正热爱一件事情，可以从过去的时间、精力和金钱投入来看。你过去是否在这件事情上投入了大量的时间、精力、金钱，并且非常乐于谈论和分享这件事情？如果是的话，那么这件事一定是你热爱的。但是如果你只是嘴上说着热爱，实际上却没有任何投入和行动，那么你其实就是在自欺欺人。

如果你发现过去没有在任何事情上投入时间、精力和金钱，确实从过往的经历中找不到热爱的事情，那么可以从当下和未来去探索。你对什么比较感兴趣，你可以从现在起去尝试、去行动，看自己是否愿意在某件事情上投入大量的时间、精力、金钱，并且能够坚持下去。

当你做自己热爱的事情的时候，你在别人的眼里就是自带光芒的。你会因为热爱而不计得失地沉浸其中，享受过程，别人也会钦佩你的坚持和努力。

2.2.3 从市场需求出发

个人品牌要有商业价值，因此要考虑你的定位是否可以给别人带来价值，是否能满足别人的需求。商业的本质就是利他。如果你的定位是可以帮助到别人的，那么一定有市场价值，可以实现转化。若要有市场价值，就需要去实地做一些考察或者做一些市场调研。

要先知道客户的痛点和需求有哪些，市场的缺口是什么，然后去看自己可以做些什么来满足客户的需求，填补这个市场空白，接下来还要去分析市面上已经有的类似的产品有哪些或竞争对手在做什么，也就是竞品分析、竞争对手分析。其中，客户的痛点和需求，简单说就是在你的圈子里，或者你想要服务的人群里，他们有哪些问题需要解决。竞争对手分析简单说就是那些已经做了你想做的事情、你未来要与之对标的竞争对手的定位、产品和服务分别是什么。

通过市场调研，你就会清晰地看到市场的潜力和缺口，在这个行业里成功的人是什么样子，他们现在的样子是不是你未来想要成为的样子。

如果你只从自己擅长的和热爱的事情出发去寻找定位，那么你很可能只是在"自嗨"，并不能为别人带来帮助，因此考虑市场需求、客户的需求。做个人品牌，一定要有一颗利他的心。

2.2.4 从可触达的目标客户出发

回顾上一节梳理微信好友的教程，其实就是在梳理你最容易触达的目标客户。

如果你想做一个英语启蒙老师，但是你发现微信好友里都是孩子已经上小学或初中的父母，那么就算你在英语启蒙上很专业，也很喜欢这个工作，这个工作也很有市场，你还是触达不了需要英语启蒙的客户，那么你的定位也是很难实现转化的。

所以，可触达的目标客户在寻找定位的过程中非常重要，但它也是最容易被我们忽略的一个要素。

寻找可触达的目标客户，不仅要看我们现有的人脉圈，还要看未来可能会有的人脉圈。

比如你是一个"孕妈"，那么你就可以去规划一个育儿博主的定位。因为当你的孩子出生以后，你可能会进入各种各样的妈妈群里，接触到很多和你一样的新手妈妈。也许现在你接触的妈妈群还比较少，但是她们会是你未来可以触达的目标客户。

简而言之，找自己的个人品牌定位，不仅要从自身的角度出发，去挖掘自己的天赋优势、热爱与擅长的事，还要从外界的角度出发，去探索市场需求，以及可触达的目标客户。

一个高价值的定位，不仅可以精准触达客户、快速实现转化，更重要的是，它会让你愿意投入其中、享受其中，认定它就是你一辈子愿意去做的事情，并且是一件有意义的事情。

很多人觉得迷茫，不知道人生的方向、职业的方向、爱好的方向，甚至感情的方向，其实就是因为我们没有找到自己的人生定位。

如果你可以找到一个愿意持续努力、不断输出和学习的方向，给自己制定一个清晰可见的目标，描绘出一幅向往的未来生活图景，并且能够通过打造个人品牌去实现它，那么人生的目标和意义都会变得清晰，也就不会再那么迷茫。

打造个人品牌，本质上就是在寻找自己。

2.3

两大维度精准找到差异化定位

个人品牌定位要精准和差异化。我们可以用一个公式来找到自己的精准定位：精准定位 = 内容细分 + 客户细分。

比如教练行业，假如我们把教练分为个人成长教练、行动力教练、目标管理教练、团队教练，把客户分为大学生、职场新人、职业转型人士、企业高管、创业者，那么内容细分的领域和客户细分的领域就会组合成很多不同的定位细分领域了。比如针对大学生的个人成长教练、针对企业高管的团队教练、针对职场新人的目标管理教练等。

这样相比于一个简单的教练定位，我们就更清楚自己在教练行业中可以提供的服务以及针对的目标客户了，定位也会更加精准。

但是，当我们用公式找到自己的精准定位时，可能发现已经有很多人在做同样的定位了，那么我们要如何与现有的竞争对手区分开来，展示自己的差异性呢？

我们可以从两大维度去找到自己的差异化定位。

2.3.1　对外部环境的分析

1. 目标客户分析

客户可以根据不同的角度进行细分，比如职业、年龄、性别、所在地、兴趣或者经验。

如果想让我们的定位更具有差异性，那么我们可以针对某个特定的人群，画出一个更详细的目标客户画像。比如我有的学员就是只针对海外华人在商科方向上进行就业求职指导，那么这个目标客户画像就很具象，她的定位就很容易和同类的职业发展教练区分开来，同时在海外华人商业领域里，她会因为定位聚焦而更有优势。

针对的目标客户不同，其实就是我们与同行的差异之一。比如都是英语老师，但是大家针对不同年龄、不同身份角色的人群或者有不同需求痛点的人群，那么定位和产品就会完全不同。针对学龄前儿童的不同需求，可以做英语启蒙老师、英语绘本阅读老师、双语学习老师、家庭英语启蒙规划师等。

定位上针对目标客户划分越精细，就越容易脱颖而出。如果人人都是我们的客户，那我们就没有客户。我们的目标客户一定是非常清晰的、细分的人群才行，因为没有一个产品是可以满足所有人的需求的，我们只能先做出一个产品来满足一部分人的需求，让他们十分满意，然后他们会把我们介绍给其他人，我们再去开发对应的产品。这样才能最快地转化和迭代产品。

2. 行业分析

行业分析就是要去判断我们所定位的行业是处于上升趋势，还是衰退趋势。

任何行业都是有生命周期的，都会经历初创期、成长期、成熟期，最后到衰退期。区别只是不同行业的生命周期的长短可能不一样。

比如互联网经过了几十年飞速的成长期，几家头部互联网公司几乎垄断了市场，现在正处在成熟期。而人工智能现在还处在成长期。我们进入一个行业的最佳阶段是在成长期和成熟期，因为这个阶段的利润和销售曲线是上升的。但如果我们在衰退期进入一个行业，就算我们再努力，企业的商业模式再完善，也极有可能亏损，因为整个行业都已经在解体了。

我们做个人品牌或者做副业，甚至是选择自己的职业，其实都应该考虑行业所处的生命周期。

就拿代购来举例子，我是在2017年代购行业处在成熟期的时候开始做代购的，那时候大家对代购的接受度已经很高了，很习惯找代购买东西。但因为互联网的发展，在网上从全球各地买东西都很方便，代购的利润已经非常透明了，这个行业已经很成熟，所以大家比的就是信任度和服务水平。

但2020年的时候，因为新冠肺炎疫情爆发，快递物流受到了严重的影响，实体门店也开不下去了，因此代购行业迅速进入了衰退期，跨境电商和社交电商转而变得火爆起来。在新西兰的朋友们会知道，很多新西兰的代购店都在2020年关门歇业了。这就是一个非常典型的行业衰退的例子。

而个人品牌和知识付费正处在快速增长的成长期，也是我们普通人入局的最好时机。

3. 竞争对手分析

如果你不知道如何从自己的角度出发去找到差异化定位，那么可以从竞争对手的角度去考虑。

你可以去看看对标的竞争对手们的定位标签是什么，他们有怎样的成长经历，他们的产品服务、优势卖点都有哪些。

对于小白来说，找到个人品牌方向的最快方法就是向对标的行业大咖和竞争对手学习。因为他们已经在这个行业积累了一些经验了，所以他们的商业模式、营销策略和产品结构都非常适合小白借鉴。小白可以一边向竞争对手学习，一边去思考自己如何找到不一样的细分定位，做出不一样的产品。

2.3.2 内在探索分析

内在探索分析主要包括我眼中的自己、他人眼中的我以及理想中的我3个角度。

我们可以通过以下问题来进行深入的内在探索。

- 我做个人品牌，是想成为一个怎样的人？
- 在别人眼里，现在的我是一个怎样的人？
- 我自己眼中与他人眼中的我有什么不同？
- 我如何从现在的我变成理想中的我？
- 在做个人品牌的过程中，我如何让他人觉得自己越来越像理想中的我？

这5个问题，就是结合了我们眼中的自己、他人眼中的我们以及理想中的我们，去探索如何将"三我"合一，去找到最适合自己的定位方向。

以上两大维度可以帮我们找到自己的差异化定位，让自己的定位更出彩。

很多人刚开始打造个人品牌，在定位上会遇到两种障碍：一种是感觉自己可以选择的方向太多了，不知道如何筛选。有的人擅长的比较多，或者喜欢的东西很多，哪一个都想尝试，都舍不得放弃。另一种障碍与之相反，是感觉自己能力不够，没有特别擅长的或者热爱的事物，找不到方向。

　　我们要明白，个人品牌定位不是一蹴而就的，就像我们的人生定位一样，需要在成长的过程中去不断尝试和试错，才会找到自己最终想要前进的方向。

　　我们现在还处在探索期，所以只要我们通过这一章讲的方法找到了自己的定位，就可以试试按照个人品牌打造地图先去做出产品，进而进行引流、营销、交付，然后再从市场和客户反馈中迭代出更适合自己的精准定位，接下来在这个定位中深耕。

　　当我们把一个精准定位做专业、做出口碑之后，我们就会吸引更多不同的客户，然后我们再根据新的客户开发出多元的定位来满足不同客户的需求。这才是我们迭代定位的过程，定位是在行动中不断地去调整的。

个人品牌：产品

第 3 章

∴THREE

3.1

1个表格规划产品矩阵

　　第1章我们讲述了个人品牌打造中常见的5个错误之一——"只有单一的产品，没有产品矩阵"。客户体验完单一的产品之后通常会有所流失，而我们需要不断引流新的客户才能够保证商业的持续运转。未来，流量会变得越来越贵，如果我们只有单一的产品，那么我们就要投入大量的时间、精力和金钱成本去不断引流，最后的转化结果却不尽如人意。

　　因此，想要让自己的个人品牌商业模式轻松运转，实现高效转化，就必须有完整的产品矩阵规划表（表1），从而实现商业闭环。

表 1　产品矩阵规划表

系列矩阵	产品名称	客单价	客户数量	总体收入	年度目标
流量产品					
信任产品					
利润产品					
分销产品					

3.1.1　流量产品

　　流量产品就是给我们不断引流新客户的产品。比如在实体店中，有些店门口会安排一个工作人员给路人派发免费的样品，邀请路人进店选购，比如我们平时会收到的传单、试用装等都是流量产品。

在互联网上，自媒体可以当成一种引流工具，比如视频号、公众号、抖音、小红书等，做自媒体账号可以给自己的私域引流，但是不能只有自媒体账号，还需要有一个流量产品吸引别人，让别人先试用或体验一下我们的产品或服务，对我们产生兴趣，并且这个流量产品可以让客户在看完我们的自媒体账号之后想要添加我们的微信，从公域粉丝转化成我们的私域好友。

比如我们自己总结的知识手册、我们的一小节公开课等，这样可以批量交付的产品才是真正的流量产品。我们可以告诉自媒体粉丝，添加我们微信就可以获得这个流量产品，从而把他们从公域引流到私域中来。

他们在体验了我们的流量产品之后对我们产生兴趣，想要与我们有更深入的连接，这才是流量产品的目的。所以流量产品有两个目的，一个是引流，另一个是让客户对我们有大概的了解和兴趣。

3.1.2 信任产品

信任产品，顾名思义就是让客户对你产生信任的产品。客户被吸引过来后，往往不会立刻下单，而是会先观察你一段时间，考察你这个人靠不靠谱，值不值得信任，你的产品质量如何。当有了需求并且对你产生信任之后，客户才会下单成交。

那如何让客户对自己产生信任呢？微信朋友圈和视频号就是让客户产生信任的渠道之一。你通过流量产品引流到微信上的潜在客户了解你的第一个渠道就是你的微信朋友圈和视频号，所以微信朋友圈打造和视频号运营确实非常重要。但和客户建立信任的过程当中，微信朋友圈打造和视频号运营只是最基础的一个步骤。

要和客户快速建立深度信任，一对一的沟通是最有效的方法。所以常见的信任产品就是一对一的视频或语音咨询。

如果你有自己的社群，也可以把社群当成是一个信任产品，因为社群的互动和内容输出也能够让客户在团体的氛围中增加对你的信任感。

如果你已经有很成熟的课程或服务体系，那么相对便宜的短期课程或服务也可以作为信任产品，先让客户体验你短期、便宜的产品或服务，对你有了一定的信任和了解之后，再激发他们对利润产品的兴趣。

3.1.3　利润产品

利润产品才是主要用来盈利的产品。利润产品是客单价较高、盈利较高的产品，也可以是你主推的王牌产品。

很多人会发现自己以前可能只关心能够盈利的产品，但是忽略了流量产品和信任产品，导致不知道如何找到客户，或者即使客户来了也很难成交。

因此，设计自己的产品矩阵非常重要，在推出利润产品的同时，就应该考虑到如何设计流量产品和信任产品，才能够精准引流客户，快速和客户建立信任，从而促成利润产品的成交。

3.1.4 分销产品

虽然大家刚开始做个人品牌时，大多时候都是单打独斗，但是如果想要让自己的个人品牌影响力能够更快提升，你就需要学会和别人合作。合作的最简单的方式就是互推和分销。

在你做个人品牌的过程中，找到自己深耕的领域之后，你只能先专注把一个定位领域的内容做精深。但你很可能会遇到客户还有其他需求的情况，如果这时候你放下手中的定位领域的事情，转头去做新的产品来满足客户的其他需求，那么就相当于消耗了大量的时间和精力，从零开始进入一个新的领域来设计产品，从而影响到你本来在自己定位领域的发展进度，打乱了之前的个人品牌定位和产品规划。

因此，只要不是产品完全相同的竞争对手，其实同行之间都可以进行分销合作，用别人的产品来弥补自己产品体系里的空白。

比如，你是一个英语启蒙老师，主要的目标用户是 3 ～ 6 岁的孩子，那么你可以和家庭育儿教练合作，推广分销他的育儿知识课程，邀请他来给你的客户做分享，这样不仅你的客户会从你的服务中体验到更多的价值，家庭育儿教练也可以给你背书。当你的客户觉得你在一个行业认识很多大咖，他们就会认为你在这个行业很专业。分销别人的产品，不仅可以提升自己的影响力，还可以获得一份额外的收入。

在产品矩阵规划表当中，你可以列出客单价、客户数量，两者相乘即可得出这个产品可以获得的收入，从而去对比自己做个人品牌希望实现的目标收入，看看按照当下的客单价和客户数量是否可以实现目标。根据这个表格，就可以通过产品矩阵规划出自己做个人品牌一年可以实现的目标收入。

3.2

3 个策略找准定价优势

定价也是我们考虑产品的时候非常关键的部分。如果一开始没有定好价格，会让客户对产品或服务产生怀疑，未来进行价格的调整也会遇到困难。通常来讲，定价有 3 个方法。

3.2.1 成本导向定价法

成本导向定价法基于"定价 = 成本 + 利润"这个公式去定价，适用于实物产品和服务产品。比如做代购，定价就是每个单品的成本加上几十元的利润。而做咨询，就是计算单位时间的成本，再加上利润。如果是做服务类的产品，比如拍照、制作视频这种产品，可以根据需要的时长，按照自己的单位时间成本加上利润去定价。

在国外，很多服务都是按小时收费的，很多公司发工资也计算工作的小时数，因此大家对于自己的单位时间成本是比较清晰的。

而在国内，我们习惯了按月领固定工资，因此很多人对于自己的单位时间成本是没有概念的，很多人甚至都没有想过自己一个小时应该赚多少钱。如果我们从来没有想过这个问题，可以现在就用自己的月薪除以每月的工作小时数，计算一下自己打工的单位时间成本。

当我们要去做个人品牌，尤其是进入知识付费行业，做知识与技能转化的时候，初期的目标就是提高自己的单位时间价值。每个人的生命是有限的，时间是我们最宝贵的不可再生资源，普通人在打造个人品牌、进行知识与技能转化的初期，都是用时间换钱。只有等我们的个人品牌做到一定程度，有了标准服务流程，我们可以将成功经验复制给别人，购买别人的时间，或者利用科技去复制标准化流程，才能突破用时间换钱的阶段。

了解自己的单位时间成本，也是时间管理的基础，当我们意识到自己的时间很值钱之后，才能把时间花在更有价值和意义的事情上。

3.2.2　竞争导向定价法

如果我们不知道自己的产品应该怎么收费，那就去看看同类的竞争对手的同类产品是如何收费的。还记得我们前面提到的竞争对手分析吗？分析竞争对手是我们在定位阶段就要做的事情，因为大多数竞争对手的商业模式其实代表的就是这个行业的现状。那么大多数竞争对手的定价就是现在客户最能够接受的价格。

最简单的方式是去同步大多数竞争对手的报价，向行业看齐，这样客户就不会觉得我们收费太低或者太高。但是，如果我们对自己的产品有信心，我们可以先去分析竞争对手的价格，选择撇脂定价策略或者渗透定价策略。

撇脂定价策略就是利用一部分客户的求新心理定一个高价，像撇取牛奶中的脂肪层那样，先从他们那里取得一部分高额利润，然后再把价格降下来，以适应大众的需求。客户由于收入不同，消费心理不同，因而对产品有不同的需求，特别是对新产品感兴趣，有求新心理的客户总是愿意先试一试新产品，而其他客户则宁愿等一等，看一看。

简而言之，撇脂定价策略就是推新品的时候定高价，先满足一部分不在意价格，只在意抢先试用新品的客户的心理，然后再降价恢复到市场价格，去满足大众的普遍消费心理。

举个例子，苹果手机每次推出新品的时候都是卖得最贵的时候。新品一经推出，旧款手机就会降价。苹果手机每年都会推出新款，功能都差不多，但是为什么还是有很多人愿意买最贵的新品呢？就是因为很多人对电子产品有抢先体验的消费欲望，只要一有新品，就忍不住想立刻去买，哪怕知道等一年之后价格会更低。

大家会发现这样求新的人是有很多的，对于有的产品，甚至有人会自愿加价找代购或者黄牛购买，就为了能够最先体验新品。

有的人可能会问，这样做的意义是什么呢？前面付高价的人，降价之后不会觉得自己买亏了吗？他们愿意付高价，就说明他们购买的不仅是产品，更是抢先体验的快感，愿意付高价的客户可能是有付费能力的高净值客户。

对企业来说，这种定价的优点就是，先小批量地生产一批高价产品，推出市场后去测试市场反应，然后根据反馈再进行产品或策略的调整，避免大批量生产新品带来的滞销风险。这样做还可以迅速回笼资金，方便扩大再生产，容易形成高价、优质的品牌形象，后期也拥有较大的调价空间。

这种定价的缺点就是高价产品的需求规模有限，容易让客户觉得产品质量或服务匹配不了高价，可能会损害客户利益，毕竟第一批购买的人花了更多的钱。

　　除了撇脂定价这个先涨价再降价的策略以外，我们还可以用渗透定价策略。渗透定价策略就是企业将它的新品的价格定得相对较低，以吸引大量购买者，提高市场占有率，或者将新品价格定得低于竞争者的价格，以促进销售、控制市场，总之是以低价格来换取高销售量。高销售量导致更低的成本，而这又反过来能够让企业保持低价，说白了就是打价格战。

　　如果我们在做个人品牌的前期没有太多客户，可以选择渗透定价策略，定一个比竞争对手低很多的价格，先去抢占市场，增加客户的数量。但该策略的缺点也很明显，我们吸引来的客户有数量而缺质量，另外我们自己的利润也很少，同时因为产品价格很低，所以一些高质量的客户会觉得我们的产品可能不够好。

　　比如市面上很多9.9元的课程，短时间内吸引一大批客户进入社群。但是客户的黏性很低，而高质量的客户又会觉得课程内容不够好。

　　如果我们还没有客户资源，处在积累客户的阶段，我们可以什么样的人都去接触一下，这也是对自己的锻炼。我们会发现天下之大无奇不有，所谓"读万卷书，行千里路，不如阅人无数"。和不同的人打交道，非常锻炼我们的沟通能力，并且在还没有粉丝基础的时候，在流量这一环需要重点做的就是引流，无论是什么样的客户，先引流进来再说。

　　但当我们有了一批客户之后，就要学会挑选客户了。一个好的客户会让我们在服务的时候得心应手，而一个不合适的客户可能会消耗我们好几倍的时间与精力，关键是还会影响我们的心态。

　　我们选择客户，不应该仅仅把客户当成消费者，更应该把他们当成未来长期合作的伙伴，因为一个好的客户可能会成为你的产品推荐官或者销售员，给你带来新的客户。

3.2.3　客户导向定价法

客户导向定价法是以市场需求或客户满意的体验价值来定价。比如可以在咨询完成之后让客户发一个"随喜红包"，或者在提供产品之后把定价权交到客户手中，让他们觉得产品值多少钱就给你多少钱。

这个仅限用在做个人品牌最初期的阶段，如果你对自己的能力和产品很不自信，你可以选择做公益，交付产品时先去试试水；也可以选择客户导向定价法，把定价的权利给客户，去看看市场上真实的客户愿意给你付多少钱。

这其实就是前面反复提到的，你觉得自己厉害没有用，要让市场和客户愿意为你付费才行。

大家要对自己有信心，而且要敢于收费，因为收费这件事情是给自己和客户的承诺。你收了钱，就是告诉自己和客户一定要全力以赴，把事情办好；你不敢收钱，其实就是在给自己找退路，心里觉得反正也是免费帮助别人，就算做不好，别人也不应该对你有要求。

同样的产品由不同的人交付，它的价值就是不同的。如果你对自己有信心，并且有超值交付的能力，你觉得你的产品值多少钱，它就值多少钱。

3.3
1 个流程升级产品体验

很多人快速找到定位之后就去做咨询，结果因为没有设计好产品支付流程，让客户感到很不专业，产品体验不好，而没有收集到好评反馈，自己也信心受挫，产生自我怀疑。

所以，我们在正式发售自己的产品之前，一定要有完善的产品交付流程，否则很可能丢失第一批种子客户。

优化产品体验需要考虑 3 个环节：成交前、成交时和成交后。

3.3.1　成交前

在成交前，要有详细的产品介绍，让对方一目了然地知道你的产品可以提供什么。比如用一张海报把关键的信息展示出来，对方就可以了解我们和我们的产品，这样就会大大缩短客户在成交前跟我们咨询的时间。

举个例子，很多人做代购时，每天在微信朋友圈发商品广告，当客户看到商品，产生兴趣之后，会私信咨询商品的具体信息、发货时间等，因此很多代购都要花费大量时间做售前的咨询服务。

我之前在做代购的时候，直接申请了一个微店，把商品一件件地上架到微店上。虽然在前期，做图片、写商品介绍花了很多时间，但是后期帮我节省了大量的时间，并且提高了成交率和销售额。客户会直接去微店查看商品信息，然后自己下单，省去了向我反复私信咨询的流程。在客户查看需要的商品的同时可能还会被其他商品吸引，最后往往会顺带买几件其他的商品。

微店帮我节约了大量的时间，还帮我积累了这几年来客户的好评和购买记录。因此，在其他代购可能每天要花大量时间发广告，进行客户咨询，提供产品介绍的时候，我根本不需要在这些事情上花时间，而是把时间和精力集中在社群的团购活动和优质的售后服务上。

做知识付费也是一样，在成交前，我们需要准备好一些素材，比如个人介绍、产品介绍、服务流程等，当有客户来问的时候，就可以直接发给他们，节省了我们反复去跟每个客户沟通相同问题的时间。这样也能显示出我们的专业，因为我们已经提前考虑到了客户会担忧或关心的问题。

客户在成交前会关心哪些问题？这需要我们在有了一定的客户积累之后自己去总结。那在一开始还没有客户的时候怎么办呢？我们可以让自己从产品思维转换到客户思维，简而言之就是把自己当成客户，转换角色，用客户的思维去看自己的产品。转换成客户思维后，在介绍产品的时候，就不是关注自己的产品有多好，而是关注产品如何满足客户的需要。

知识付费类产品在成交前还可以准备一份协议或者问卷，收集一下客户的资料。第一是给客户创造仪式感，让客户更期待我们的产品与服务；第二也是让客户知道，我们的产品与服务有标准化的流程，不是随便给我们发个红包就可以立刻让我们提供服务；第三就是在正式交付产品之前，通过收集客户资料，提前了解客户最关键的需求，做好充足的准备。

3.3.2 成交时

在成交的过程中，需要让客户感受到超值的产品体验。比如我的一个朋友，副业做户外写真约拍，她一开始推出约拍服务的时候优惠力度很大，50 新西兰元拍两个小时，还可以换两套衣服。

我在和她约拍时，发现她不仅非常专业，找各种姿势帮我拍照，而且还满足我独特的提议与需求，让我感受到了超值的服务体验。因为她不开车，所以可以约拍的户外地点很受限制，一开始她很担心这会影响自己吸引客户。但是，因为她给出的服务体验足够好，后来有不少客户为了找她约拍，愿意开车一个小时去接她。

　　只要你的产品能给客户超值的服务体验，客户就会自发地把你推荐给别人，并且翻山越岭也要去找你购买产品。这种情况下，才有可能"酒香不怕巷子深"。但前提是，在初期你还是要自我营销，大力把自己的产品宣传出去，先有第一批种子客户，并且让他们感受到超值的产品体验。

　　如果你的专业能力足够强，其实在你正常交付的过程中就可以让客户感受到他付出的价钱很值得。所以创造超值的产品体验，最关键的还是你的能力和基本功。

　　如果对自己的专业能力不够自信怎么办呢？有一个非常好用的方法，就是赠送额外的福利。

　　比如你做一对一咨询，和客户签订的协议是半个小时，最后你给对方提供一个小时的咨询，或者额外给对方提供了一些实用的资料，那么对方也会有超值的体验感。

　　这里要注意的是，额外的福利不包含在协议里面，而是在你成交的时候，根据情况额外赠送的，目的就是为了让客户觉得产品超出期待。如果你在成交前签订协议的时候就把福利放进去了，那你赠送的福利就是在客户的预期之内，客户就不会有超值的感受了。

　　在成交时提高客户的满意度，还有一个非常实用的方法，即创造可视化成果。如果你做拍照服务，那在你交付产品的时候就是在给对方可视化成果；如果你卖实物产品，把包装做得漂亮一点，也是在给对方交付可视化成果。

　　但做咨询的时候很多人会忽略这一点，对话结束，客户说有收获，于是服务就结束了。其实在你在做咨询的时候，也可以通过一些方式让客户拿到可视化成果，从而提高客户的满意度。

　　比如做一对一咨询的时候，让客户填写一些表格，或者在对话结束的时候用思维导图的方式总结对话的结论和行动计划。

简而言之，就是在交付完成时，让客户拿到一个可以看得到的成果。除了你提供给对方的可视化成果，还可以让客户自己去创造可视化成果。

比如我会在给客户做完一对一咨询之后，让客户总结他的收获，以文字形式发给我。这个过程其实就是在让客户自己创造可视化成果。可视化成果是为了让客户看到你的产品价值，而不是仅仅能感受到。看得见、摸得着的，肯定比仅仅感受到的更让人觉得踏实。

3.3.3 成交后

成交之后需要注意三点。

第一点是及时反馈。在你的产品交付之后，你需要先给客户一个反馈，比如客户在成交的过程中是什么表现，你可以给他鼓励或者建议等。

第二点是收集好评，及时抓住客户的兴奋点，让客户给你好评。如果是做一对一的咨询，客户在咨询结束后，拿到想要的结果时，一定是最兴奋的，在这个时间点让客户留下好评就会容易很多，但如果过了一个月你突然想起来了，再去找客户要好评，他可能就会敷衍你。

第三点是跟踪服务。前面提到过，做个人品牌要有产品矩阵，客户购买了一个产品之后，还需要用其他的产品来留存客户。所以需要有跟踪服务，去看客户是否有新的需求，是否有其他产品能够满足他们的需求。

提升产品体验有利于你在打造个人品牌的初期尽快收集客户好评，这些客户好评不仅可以帮助你吸引新的客户，同时也会给予你更多的信心，促使你坚持去做好自己的个人品牌。

个人品牌：流量

4.1

热门自媒体平台分析及选择

4.1.1　玩转微信生态圈

做个人品牌，首选的自媒体平台就是微信生态圈，比如公众号、视频号、小程序应用等。因为现在人们的沟通交流几乎都在微信上进行，当新的客户加了我们的微信，最容易了解我们的渠道就是我们在微信生态圈里产出的内容，比如我们过去发的朋友圈、写过的公众号文章、发过的短视频或者开过的直播等。另外，为了能够方便客户，最好是有下单小程序或服务展示平台，而不是让客户额外再去下载新的软件。人都是有惰性的，当你的服务流程过于复杂，一些人就会知难而退。

在微信生态圈里，最应该投入时间与精力的就是视频号。因为视频号是连接私域和公域流量的结点。当我们发布一条短视频，朋友点赞以后系统就会把这条短视频推荐给朋友的朋友，利用微信好友推荐算法机制，我们可以借助私域流量触达公域流量。同时，视频号简介里可以写微信号，还可以让客户添加企业微信，这样又能够让公域流量直接转化到私域里来。

视频号直播就更有效了，不仅可以直接让直播间的粉丝添加企业微信，还可以直接在直播间进行销售转化，而粉丝将直播界

面转发到微信朋友圈和社群还能撬动私域的流量。微信生态圈的
流量就像一张立体的网，可以让我们微信上的每一个好友、第一
个粉丝都成为一个结点，帮助我们把流量网越织越大。

4.1.2 根据擅长的领域选择合适的自媒体

除了微信生态圈，我们怎样去选择其他的平台呢？可以根据
自己相对擅长的领域来选择。

如果我们擅长写作，那么推荐选择新浪微博、知乎、豆瓣、
今日头条等。但这几个平台也是有差异的。微博适合发布短小的
文字内容，能够紧跟时事热点，配合图片或者视频，有点类似微
信朋友圈。知乎适合发布专业的知识分享、有内涵和价值的长文
章或者问答。豆瓣是文艺青年的聚集地，适合发布影评、书评，
也可以参加话题或小组讨论等。今日头条比较大众化，写什么内
容都可以，只要发布的内容垂直就好。

如果我们擅长拍视频，可以选择西瓜视频、抖音、小红书、
哔哩哔哩等平台。抖音适合快速消遣类的视频，要求短小精悍、
娱乐性强。小红书适合 3 ～ 5 分钟左右的口播知识类视频或者日
常短视频。西瓜视频和哔哩哔哩更适合中长视频，适合发布 5 ～ 30
分钟的有主题内容的长视频。

今日头条、西瓜视频、抖音这 3 个平台是可以同步发布视频的。
比如我们用剪映剪辑好视频以后，系统就会自动问我们是不是要
将视频同步到抖音和西瓜视频上，可以选择一键同步。而我们登
录今日头条的网页版，是可以看到自己发布在西瓜视频上的内容
和数据的。

在今日头条上写文章或者在西瓜视频上发布视频，可以去查

看创作者权益，这两个平台相对而言比较容易靠浏览量赚钱，很容易就可以开通原创和创作收益的功能，然后系统会根据我们的内容自动插入广告，根据广告的展现量和点击量给我们自动结算收益。

另一个可以靠视频流量来赚钱的就是哔哩哔哩，但哔哩哔哩对内容质量的要求较高。西瓜视频和哔哩哔哩的区别很大。西瓜视频比较大众化，用户年龄层的差异也很大。哔哩哔哩的用户相对年轻化，受教育程度较高，因此对内容的要求也会更高。

此外还有小红书，小红书最早是从女性分享美妆好物而发展起来的，后来用户在上面分享的内容越来越广泛，现在成为很多20～40岁女性首选的搜索平台。大家买东西之前会去小红书搜一搜品牌或产品的评价和分享，也会去搜旅游、娱乐、知识学习等信息。

也有很多人在小红书上分享自己的生活。小红书不仅适合发布图文内容，也适合发布视频内容，此外，小红书还在大力推广视频内容。

小红书是很多想通过自媒体转化的人的首选平台，也是很多品牌投入营销预算的首选平台。小红书上涨粉相对容易，而且有500粉丝、1000粉丝就可能接到品牌方付费的推广邀请或者产品置换的推广邀请。因为小红书的主要内容是客户的真实分享，所以相比于大V博主，1000粉丝左右的博主显得更像是普通的真实客户，会受到一些营销预算较低的品牌的青睐。

如果我们做个人品牌是想通过自媒体平台来赚钱，那么涨粉是首要的目标，并且还要维持粉丝黏性，当博主赚钱的渠道有视频或直播带货，或者接品牌的内容推广。

带货得持续去做，并且真正分享好物给粉丝。想要接品牌推广，需要保证内容优质，维持粉丝黏性，也就是收藏与点赞的比例要维持得好。如果我们有几万粉丝，但是没有多少人给我们点赞、评论，那么品牌一般也不会找我们做推广。但如果我们做自媒体的目的是引流到私域里成交咨询、课程、服务等产品，那么最重要的目的就不是涨粉，而是引流和转化。

除此之外，还有一些音频平台，适合不想露脸的人。比如喜马拉雅和小宇宙，是现在国内用户比较多的音频自媒体平台。

4.1.3　根据时间和精力选择合适的自媒体

每个平台都有自己的优势和差异点，就像我们做个人品牌一样。我们到底要怎么选择呢？

如果我们既没有基础又精力有限，可以先做好微信生态圈，用公众号输出文章，用视频号输出视频，因为我们会发现，视频号里可以发我们公众号的文章，公众号文章里面也可以插入我们视频号的短视频，并且这两个自媒体都可以直接给我们的微信私域引流。微信生态圈是最能直接打通公域和私域流量的。

如果我们的时间和精力比较充足，可以尝试小红书和知乎平台。因为这两个平台的用户知识水平和收入水平相对较高，并且这两个平台对内容的质量要求也很高。只要我们的内容优质，就可以精准吸引到优质的粉丝。

4.1.4　根据自身定位选择合适的自媒体

做自媒体之前，我们一定要先有明确的定位，否则就是在浪费自己的时间。因为绝大多数的自媒体要想做好，都必须持续输出垂直的内容。什么叫做垂直的内容？就是我们的内容都是围绕某个主题的。比如我之前在小红书上发的都是关于吃喝玩乐的生活分享，一直都没怎么涨粉。等我离职以后，我开始在小红书上分享海外市场营销的经验，两三条笔记发出去之后一下子就火了，涨粉2000多。于是我就继续发了几条与海外市场营销相关的笔记，几乎条条笔记的流量都不错。

后来我找准了自己的定位，就是要做人生教练，等我再去小红书上发人生教练相关视频的时候，浏览量一下子就减少了很多。因为系统不推荐我的内容了，它已经把我判定成了一个海外市场营销内容的博主。所以大家一定要想好定位再做自媒体，发在一个自媒体账号上的内容一定要是围绕一个主题的，这样系统才会给我们推荐和流量，才容易出爆款内容。

知乎是一个知识类的分享平台，所以非常适合在知识付费行业打造个人品牌的人。持续分享干货，在别人的问题下面给出专业性的回答，这样吸引来的客户会非常精准。知乎也可以开通付费问答咨询。

如果我们的输出能力比较强，可以"一鱼多吃"，也就是将同样的内容同步发布到不同的平台。我的每篇公众号的文章都会同步发到今日头条、知乎、豆瓣上，每条视频号的视频都会同步发到西瓜视频、抖音、哔哩哔哩、油管、小红书上。我做自媒体的主要目的不是涨粉，而是在不同平台上去大量曝光我的内容。

这里有一个关键点，如何让更多客户可以搜到我们？首先我们的头像和昵称一定要保致全网一致。打造个人品牌就得把自己当成一个品牌，没有一个品牌是天天换Logo的，每个品牌都会在最开始就确定一个Logo和名称，并一直用下去。我们做个人品牌也是一样，一开始就要选定头像和昵称，然后就不要再随意改动了。

当客户搜索内容时，如果能在不同的平台频繁看到我们的昵称和头像，就会更容易被我们吸引。

4.2 3 种常用自媒体的运营技巧

上一节介绍了不同的自媒体平台，那么这一节重点讲解一下公众号、视频号、小红书这 3 个平台在运营时需要注意的技巧。

4.2.1 公众号

我在 2014 年就开通公众号了，以前一直是在不同的博客平台记录生活，但这些博客网站现在都倒闭了。微信刚推出公众号的时候我就注册了账号，然后断断续续地在公众号上写作。

每个人的爱好不一样，写作对我来说就是抒发情绪的方式，因为我不大喜欢社交，喜欢一个人待着，所以很多思考就会用文字的方式表达出来。我很喜欢用写作来梳理自己的思考，所以我算是接触公众号比较早的人，但很可惜那时候只是把它当成一个记录的平台，没有积累粉丝的意识，所以错过了公众号的红利期。

前几年我在有 3000 粉丝左右的时候就开始接公众号的广告，一篇广告文收费 500 元；后来粉丝涨到 6000，一篇广告文收费 1000 元。2020 年的时候我基本上每个月都会接一两条广告，光公众号广告一年就带来一万多元的收入，但我公众号其实只有 6000 多粉丝。

为什么这些投广告的公司愿意来找我呢？因为我的粉丝黏性

高，虽然只有 6000 多粉丝，但那个时候每篇文章的阅读量都维持在 1000 以上，这个阅读率是很高的。一般大概三四万粉丝的账号才能有 1000 左右的平均阅读量。

但最近这几年，微信大力推出视频号以后，大众的注意力越来越难以集中在文字上，可以明显感觉到文字自媒体现在是在夹缝中艰难生存，公众号的阅读量大幅度下降。这也是我逼着自己开始做视频号的原因，其实我本身还是更喜欢写东西的，但市场和社会发展的趋势会让我不得不去重新学习和尝试新的东西。

那为什么我还是推荐大家写公众号呢？第一，文案写作是打造个人品牌的重中之重，即便你只是把公众号当作你写作的内容沉淀平台，也值得去做。第二，公众号是微信生态圈的文字自媒体，如果你想打通整个微信生态圈的流量，就需要有公众号。

公众号分服务号和订阅号，如果你注册了企业，就去做服务号，功能更强大，可以打通小鹅通这种授课平台，但服务号每周只能推送一次消息。如果是个人，就去做订阅号，每天可以发一条推送消息，订阅号其实也可以进行企业认证。现在公众号都默认不会在微信里有提醒了，所以需要粉丝手动开启接受提醒功能，才能收到公众号推送消息的提醒。

公众号运营其实最关键的是排版，大家可以用免费的 135 编辑器，在编辑器里设定好模板，比如行距间隔是 2 pt，边距间隔是 8 pt，字号设置成 15 pt。然后把文章内的小标题格式、间隔线、文章末尾的二维码关注引导等都设定好，保存在自己公众号的模板里。每次写文章的时候，只需要直接插入模板就好了。

除了用 135 编辑器来排版公众号文章，还建议大家下载一个叫"壹伴"的插件，它的功能很多，可以分析公众号的数据、检测错别字、给标题打分等。最好用的是图片采集功能。一般公众号都要有配图，不然长篇大论的文字会让人视觉疲劳，但我们不能等到写公众号的时候再去找配图，如果你有壹伴这个插件，你可以在浏览器上看到好看的图片就点采集按钮，壹伴就会将图片自动保存到你的公众号素材里面，写作的时候直接用。

除了利用好公众号运营的工具，提高文章编辑的效率，一些运营的细节和小技巧也非常重要。

第一，设定关注公众号自动回复。你可以在自动回复里写一小段自我介绍，让新粉丝了解你，也可以在自动回复里直接放带微信二维码的自我介绍图片，这样就可以引导每一个关注你公众号的人直接找到你的微信并添加你。

第二，公众号菜单栏的设置。好好利用菜单栏进行分类，帮助粉丝快速找到他们需要的内容，可以增加粉丝的黏性。做自媒体一定不能"自嗨"，而是要尽可能地方便粉丝。

第三，文章末尾引导点赞或分享。想要让文章被更多地传播，你除了邀请亲朋好友帮你转发文章，还需要让他们在文末点一个"在看"和"赞"。点"在看"是为了可以让更多人在微信的"看一看"栏目里看到你的文章，点"赞"是为了让系统判定喜欢你的文章的受众一般是谁，下次系统就可能在这些受众点赞其他同类文章的时候自动推荐你的文章。

第四，在公众号文章里面插入你的视频号的视频。如果你同时做公众号和视频号，记得"一鱼多吃"。比如你的年度计划，你可以写一篇公众号文章，也可以发一条视频号视频。哪一个是后发布的，你就在内容里关联前一个。

第五，公众号可以设置自动同步百家号、企鹅号。这样你发公众号的时候，文章会自动同步到百家号和企鹅号上，能够有机会被更多人看到。

4.2.2　视频号

大家常用的短视频剪辑软件是剪映。但微信也有自己的剪辑软件，叫作"秒剪"，视频用它剪辑完之后可以直接发布在视频号上，就像视频用剪映剪辑完之后可以直接发到抖音上一样。

视频号运营同样也有一些细节要注意。

自我介绍栏里面一定要留个人微信号。视频号是唯一允许留微信号的视频自媒体，一定要利用好从公域引流到私域的机会。直接在视频号首页的简介信息里放上自我介绍和微信号 ID，如果有人刷到你的一条短视频并觉得很有趣，进入你的视频号首页的时候，就很有可能会通过视频号首页信息添加你的微信。

视频封面的尺寸比例以 3 ∶ 4 为佳，设计要一目了然，最好是一致的，这样新粉丝进入你的视频号首页之后，能够快速查找他感兴趣的内容，去观看你之前的视频。

引导你的亲朋好友给你的视频点"赞"和点"喜欢"，点"喜欢"代表推荐给朋友。另外，让他们一定要看完之后再点"赞"和点"喜欢"，因为短视频的系统会根据完播率来进行推荐。什么叫作完播率？就是完整播放的概率。有更多人能看完这条短视频，说明这条短视频的内容优质、有趣，这样，系统才会把它推荐给更多人观看。

视频号上发布的视频不宜太长，1 ～ 3 分钟的时长最好。太长了就会导致粉丝没有耐心看完，影响完播率和系统推荐。

视频号可以添加公众号文章链接或者小商店带货链接。我优先建议大家做微信生态圈的自媒体，因为公众号、视频号、微信之间可以互相引流，还可以直接带货，实现流量的闭环。

视频号直播，你一定要尝试。如果你没空剪辑视频，那么更需要做直播。单纯用文字媒体去吸引用户已经很困难了，随着 5G 技术的发展，短视频和直播是趋势。

4.2.3 小红书

小红书是以 20 ～ 40 岁女性用户为主的生活方式分享平台，大家不仅在上面分享好物、知识等信息，很多人也喜欢在小红书发布日常短视频，记录生活。品牌方也特别喜欢在小红书上找博主来分享其产品。

小红书的新手运营需要注意以下几个方面。

第一，了解平台的规则。小红书是不允许导流的，所以个人简介里千万不要放微信号，笔记里也不能有二维码，否则可能会被限流或封号。建议新手用户先学习和了解一下小红书的平台规则，避免运营时账号因为不小心触犯规则而被封。

第二，笔记封面尺寸比例以 3 ∶ 4 最佳。小红书笔记在手机端的显示是双瀑布流，也就是一打开小红书，有两竖列的不同笔记封面显示，用户会根据笔记封面去选择感兴趣的笔记观看。而笔记封面最大的显示比例是 3 ∶ 4。因此，如果笔记封面比例是 1 ∶ 1 或者 16 ∶ 9，那么笔记显示占比就会比较小，视觉效果不佳。

第三，在笔记中添加关键词。前面提到过，很多人会在小红书上搜索信息，因此小红书运营非常重要的一个关键点就是在笔记里添加相关的关键词，这样粉丝在搜索关键词的时候才能够搜到我们的笔记。

第四，查看热门的笔记灵感。小红书每周都会有热门的笔记灵感，我们可以多看看最近平台上的热门话题，哪些话题比较容易出爆款内容，将其作为选题的参考。

第五，利用好群聊功能。小红书推出的群聊功能可以吸引粉丝关注账号以后进群，粉丝进群后就可以更容易和粉丝互动，增加粉丝黏性。

小红书平台的发展非常快，很多新的功能还在不断地迭代和开发中，建议大家去尝试和学习。

其实，每个平台都有自己的教学视频，尤其像小红书和视频号，都推出了一系列官方的免费课程。如果想快速入门，先去学一遍官方的课程就非常有帮助，平时发布内容之前可以多关注创作者中心的热门活动和话题。想快速涨粉，就要紧跟平台的发展潮流和热点。

做自媒体，质量大于数量。要坚持做，但也没必要为了日更而强迫自己每天去输出。如果输出的内容对别人没有价值，那就是在自我感动，做无用功。

坚持是打造个人品牌、做自媒体一个非常重要的品质，但我们不能错误地把坚持本身当作一种美德，而是要先想清楚坚持的目的和意义。

4.3
高效管理微信人脉圈

前两节讲了自媒体平台的运营，针对公域流量。下面我们讲一讲私域流量，即微信人脉圈的运营。

什么是私域流量呢？其实私域不仅仅是指微信，只不过微信是我们现在用得最多的私域平台。

国内著名商业咨询顾问、润米咨询创始人刘润老师对私域的定义是"那些你直接拥有的、可重复的、低成本或免费触达的客户"。这句话里有 3 个要素。

第一个要素是拥有。就像这口井是我们的，我们用这口井不用交钱，别人用我们还能收钱。

第二个要素是可重复。客户消费完之后离开了，但我们有联系方式，只要我们想，我们就可以主动触达用户，再次邀请客户重复消费。

第三个要素是低成本或免费触达。从自媒体公域上引流的成本是很高的，而私域里的客户，我们可以用低成本就能够触达。

因此，拥有、可重复、低成本或免费触达，就是私域的底层逻辑。微信就是私域最有代表性的平台，我们每天都要用微信，对微信已经很熟悉了。

4.3.1　管理微信品牌形象

如果我们把微信通讯录当成一个广场，每个人都排列站在广场上，大家彼此都不认识，我们如何快速判断一个人的背景以及他能提供的价值呢？

那就是看他的头像和微信昵称，我们在微信通讯录里面也只能看到头像和昵称。提到这里，我们再去看看自己的头像和昵称，我们是什么感觉呢？我们的头像是否显示出了我们本人的特点？我们的昵称是否好读好记？在微信里面，如果我们不打造个人品牌，我们的昵称是什么、头像是什么都无所谓。但如果我们打造个人品牌，我们的头像必须有很高的辨识度，昵称必须好认并且好记，不要用生僻字，也不要用成语。

一般用风景头像的或者用自己的背影照片作为头像，从心理学上讲就是潜意识里不愿意展示自己，可能是因为不自信，不愿意向外界袒露自己，还可能是非常低调，不习惯去展示自己。

如果我们去做一个实物品牌，我们需要去设计品牌的 Logo，确定品牌的名字，并且 Logo 和名字要显示出品牌的意义或价值观，一旦确定了，就不会轻易改动。因为品牌一旦宣传出去，Logo 和名字就会被客户记住，如果我们经常换名字、换 Logo，怎么让客户记住我们的品牌呢？

我们打造个人品牌的底层逻辑和做一个实体品牌是完全一样的。把我们自己做成一个品牌，第一，我们要有自己的品牌愿景和价值观，也就是我们自己的人生目标和使命；第二，我们要有自己的独特的品牌形象，能够让客户记住。品牌形象包括头像、昵称、定位标签、个性等。

既然是个人品牌，那么品牌形象就是我们自己。因此，我们的微信头像最好是自己本人或者自己的品牌形象，昵称最好是自己的名字或者独特的艺名，自我介绍的定位标签最好是我们自己最擅长的、可以交付的产品定位，总之，要能展现最真实的自己，而不是打造出来的人设。

我们做个人品牌，品牌形象一定要看起来专业。并不是所有打造个人品牌的人都要用穿职业装的照片，还是要看我们的定位，当我们的定位和你的服装一致的时候，就符合专业的标准。

如果我们是做冥想疗愈师，我们可以穿得休闲一点，选择浅色系的衣服，让人看起来舒服；如果我们的定位是摄影师，那可以穿得随意一点，拿着相机也是可以的；如果我们的定位是模特，穿比基尼都没问题；但如果我们是做金融顾问、企业家顾问、专业教练，职业装就是标配。所以，微信的头像一定要让人感觉专业，要跟你的定位相符，至少没有违和感。

昵称其实就是我们的名字，很少有人会在网上用自己的真实姓名，一般都会根据自己的名字取一个简单好记的昵称。因为昵称和头像一样，确定后最好就不要修改了，所以选择昵称的时候一定要注意以下几点。

第一，昵称要好读、好记、不绕口，如果取英文名字一定要加上中文名。

第二，昵称最好有辨识度，不容易重名，不然别人一搜我们的名字会搜出来很多人，不知道哪一个是我们。因此，一旦我们确定了昵称，就要去全平台注册用这个昵称的账号，先占据这个昵称。如果大家去百度搜"Alina 霖子"，第一页里的几乎都是我的信息。因为我用这个昵称很多年了，一直都没有换过，并且我持续在各个平台上输出，所以网络上才会有那么多我的信息。

第三，昵称要跟自己的定位一致。比如我做教练的微信号就叫作"人生教练 Alina 霖子"。我们也可以在自己的昵称后面加上自己的定位，这样就不用每次进群都要改昵称。如果我们不方便加定位，那么进群后一定要修改群备注，把自己的定位加在昵称后面，这样只要我们在群里说话，或者群里的人只要提到我们，别人就可以看到我们的定位。

以上是设置头像和昵称的注意事项。总结一下，头像和昵称是品牌形象，一定要专业，跟自己的定位一致，要在全网保持一致性，最好不要再修改了。

4.3.2 管理微信通讯录

我们管理好了自己的微信品牌形象，接下来需要去管理的就是微信通讯录。不知道大家有没有去翻看自己的微信通讯录呢？有多少人是我们不认识的？他们又是因为什么机缘巧合添加我们的呢？有多少人是我们的潜在客户？他们的年龄层和消费能力如何呢？

如果我们有给微信好友分组和添加标签和备注的习惯，那我们应该可以很快回答上面的问题。有一些人，微信好友可能有三五千人，如果之前没有给好友加标签和备注的习惯，现在很难再去逐个加标签、逐个分组了。因此，我们可以使用第2章第1节中的方法（见第27页），根据现有社群快速给微信好友加标签。分完以后我们再去看看还未设置标签的朋友有多少人，有哪些人，然后针对性地去看看这些人是否是我们的潜在客户。

我们给微信好友加标签和备注，去高效管理微信的人脉圈，目的是让这些人脉能够帮助自己打造个人品牌。那我们打造个人品牌需要人脉干什么？

第一，我们最需要的是潜在客户。设置标签的时候，最重要的一个标签就是潜在客户，把认为未来可以消费我们的产品、成为我们的客户的人都加到这个标签下面。这样未来我们就可以非常有针对性地去营销。

第二，我们需要可以合作和辅助自己的伙伴。所以给微信好友加上专业方向的标签和备注，便于我们去甄别哪些人是竞争对手，是我们可以去学习的榜样，哪些人是可以互换资源去合作的。

做任何事都不要本末倒置，要有目标导向型思维，不要做着做着就跑偏了。我们整理微信通讯录的目的是筛选潜在客户，以及甄别竞争对手和合作伙伴，所以只要达成这两个目的就可以了，而不要纠结是不是每一个微信好友都要加标签。

4.3.3 让微信好友知道自己是谁

我们管理好了微信通讯录，给我们的好友都加上了标签，知道他们大概是谁，是如何成为我们的好友的。那么，下面一步就是得让我们的微信好友也同样知道我们是谁，我们在他们的微信人脉圈里对他们有什么用处。因为，他们应该给我们设置怎样的标签和备注对他们来说也很重要，也会是未来他们连接我们、提供资源或者合作的筛选标准之一。

所以我们下一步可以准备一份简单的自我介绍，发给微信好友里那些潜在客户，让他们清楚地知道我们可以提供的价值是什么。这里要注意的是，在给微信好友发自我介绍的时候一定不要生搬硬套，要根据不同的人群进行修改和调整。

对于已经认识的微信好友，要先打个招呼，比如说："你好啊，好久没有联系了，最近怎么样？跟你更新一下我最近的动态，我目前已经拿到认证的教练证书了，现在是一名亲子教练，积累的客户案例有 100 多个了，今后如果你有亲子方面的问题想要探讨，欢迎来找我。"

如果去联系微信上的陌生人，可以说："你好啊，我们加了微信好友也有一段时间了，但是好像还没有聊过。在此我正式向您介绍一下自己，方便您加个备注。"然后你再去发自己写好的自我介绍。

在给好友发自我介绍的时候，千万不要发一大段文字。不然别人一看就觉得我们是复制粘贴到处发的。就像我们正常发微信聊天，很少是一下发一大段文字过去的，以免给对方带来压迫感。我们在对话中的自我介绍最好简洁明了，包括自己的名字、坐标、职业、个人品牌定位，然后简单说一下我们可以提供哪些帮助或者资源就行了。

　　做个人品牌，一定要时刻记住去向他人展示自己的价值。我们打造自己个人品牌，不就是为了让自己的潜力得到充分的发挥，去给他人创造价值吗？所以多去展示自己，就是让更多人看到我们的价值，在有需要的时候知道可以去找我们帮忙。

4.4
朋友圈店铺运营法则

4.4.1　微信个人号装修

　　在讲朋友圈店铺运营之前，先来看看自己微信个人号的装修有没有完善。微信个人号要装修的部分包含头像、昵称、ID、个性签名、地区、视频号等。

　　头像和昵称的设置前面已经详细讲过了。ID 也是很重要的，你可以设置一个字母和数字的组合作为自己的独特 ID，在没有二维码的情况下，别人搜 ID 的时候就可以直接搜到你。比如我的公众号 ID 就是"Alinalinzi"，是昵称的英文＋中文拼音，我的教练微信号 ID 就是"Alinalinzi2020"。这样就可以在不方便放二维码的地方直接放上微信号 ID，让别人搜到我的微信。微信号 ID 最好是自己的名字或昵称，不要设置得太复杂，也不推荐大家用电话号码或者一串数字，因为数字没有文字和拼音好记。

　　个性签名会在别人点开你的朋友圈的时候展示在你的头像的下面。个性签名可以放上你最关键的定位标签、你的一句话介绍或者座右铭、愿景与价值观等。

地区就是地址定位，发朋友圈的时候建议带上你的地址定位，因为这样会更让别人觉得你很真实。如果对方是老乡，更容易感觉与你很亲近。

微信好友在点开你的个人信息的时候，也会看到你的视频号内容。朋友圈内容都是按发布时间倒序排列的，但视频号是可以选择以一个视频置顶的。通常我们会置顶包含关键信息的视频，比如你的个人品牌故事的视频。

4.4.2 朋友圈的商业逻辑

我们完成了微信个人号的装修，接下来就要注意朋友圈店铺运营的关键要点。

首先，朋友圈的首图一定要有，并且一定要放上自己的定位标签和个人介绍。朋友圈首图的海报建议用比例为1∶1的正方形图片。文字排版的时候要注意上下留一些空隙，这样不会被遮挡。

其次，对于刚刚开始做个人品牌的人来说，发朋友圈可以使用最简单的221法则：2条私人生活的内容，2条产品服务的内容，1条客户反馈或者硬广告。这个法则适用于小白，可以快速上手，但比较生硬。其实发朋友圈也是要讲究策略的，在这里给大家介绍微商团队的发圈策略，把它作为示范讲解一下发朋友圈的底层逻辑。

第一阶段是暗示期。你可以先表达对微商产品的喜爱，品牌的故事，你最初的心路历程，你是怎样经过内心的挣扎决定加入微商的，然后在你内心挣扎的时候别人是如何给你建议的。

暗示期就是做铺垫，让别人看到你是怎样一步步选择去做微商的，其实你和很多人一样都经历了内心的纠结，然后才做的这个决定，所以你在暗示期发的内容就很容易打动别人，让别人觉得跟你是有共鸣的，也会好奇你后面会如何决定。这样就比你突然开始发朋友圈卖货要好很多，因为如果你没有暗示，便突然开始刷广告卖货，很快就会被屏蔽掉。此外，别人不知道你的货源来自哪里，可能会觉得你是不是被坑了，被骗了，或者掉进钱眼里了。

第二阶段是正式官宣。你要从自己的真实感受出发，走心地去官宣你加入微商团队了，你加入的理由是什么，你为什么相信它是一个好项目。这时候先不要着急卖货，而是继续真诚地分享自己的心路历程。

第三阶段，进入答疑解惑期。你在朋友圈里开始去消除别人的顾虑。比如有的人觉得做微商很没面子，你可以用亲身感受去表达你对微商的看法，你团队中的小伙伴都是怎样的人。然后你再介绍你的平台和货源。你的平台为什么跟别的平台不一样，它如何吸引你等这些可以简单描述，让更多人通过你的朋友圈了解这个平台。关于货源，你非常清楚，因为你已经做过调查并且探索过了很长时间。

经过前面这3个阶段之后，才正式进入发广告卖货的阶段。发广告也是个技术活儿，绝对不是展示产品介绍和卖点就完了，而是要结合你自己的想法、感受去发，所有的朋友圈都以第一人称"我"去写，这样你的卖货广告才是有人情味儿的，而且容易勾起别人的好奇心，让别人忍不住去看你的朋友圈。

那做个人品牌的时候如何借鉴上述微商的发圈策略呢？

首先在暗示期，你可以在决定做个人品牌的时候，先在朋友圈分享自己最近学了什么，为什么学这个，在学习过程中的收获与思考是什么，自己是如何和别人交流这个事情的。举个例子，如果你的个人品牌定位是心理咨询师，那么一开始学心理咨询的时候，你就应该同步发朋友圈告诉大家你在学心理咨询，你为什么学，你的思考和收获，你和同学之间的练习和探讨等。

然后开始官宣，这时候你可以发自己的一对一心理咨询的海报了，告诉大家你开始接单了，可以找你做心理咨询了，并且告诉大家你做心理咨询是为了实现怎样的梦想或使命。比如你看到现在很多青少年因为心理问题而厌学、抑郁甚至自杀，所以希望可以通过学习专业的心理学知识，成为一个青少年心理健康咨询师，帮助青少年健康度过青春期，减少意外的发生，呼吁父母关心青少年心理健康等。

最后开始答疑解惑。告诉大家你的心理咨询服务主要的内容范围是什么，如何下单，如何收费，你如何交付咨询服务。有了客户之后，你就可以开始发客户好评和反馈等。再接下去，你就可以按照221法则去发每天的朋友圈了。

打造个人品牌，其实每一个动作的背后都有它的商业策略，都要洞察消费者的心理。如果你按照上面说的策略去做，那么在刚开始学习做咨询的时候就可以开始接单了，例如我刚开始学做人生教练的第一个月就对外接单了。

虽然那时候我的教练技术还不是很专业，但是也不妨碍我帮客户解决问题。所以前期最关键的还是要把握好客户的期待，练好自己的基本功和技能，然后用超值的服务去打动客户。在产品成交的流程里，成交前要签订协议，这个协议有一个目的，就是管理客户的预期，让他清楚地知道通过你的服务他可以获得什么、不会获得什么。如果你能管理好客户的预期，那么就更容易超出他的预期，完成服务。

4.4.3　朋友圈店铺运营

朋友圈到底每天发多少条，其实没有确定的数字，你想发多少就发多少，只要你的内容有价值，不刷屏，不招人烦。如果是在发售产品的宣传高峰期，你每天发十几条也没问题。

朋友圈一定不要文字太长，否则内容会被折叠，而且现在大家的注意力都很分散，一旦内容被折叠，大多数人都不会专门再点开看，除非你的文案写得很吸引人。但如果配图是产品广告，别人一看就是广告，很可能不会去看折叠内容。每条朋友圈控制在 5 行内，多的就放在评论区，这样内容就都可以展示出来了。如果 5 行确实写不完，长文案也是可以的，但是一定要注意排版，例如，每一段之间空一行，方便阅读。在社群里去发文案也是一样，一定要排版，如果太长就分段发，不要给别人造成压迫感。

在写朋友圈的时候可以加上"＃视频号：你的视频号名字"，例如"＃视频号：Alina 霖子"。这样别人点这段文字的时候就会直接跳转到你的视频号里。如果将你的公众号或者视频号的内容转发到朋友圈，一定记得要加上一小段推荐语，引导大家观看。

了解了朋友圈店铺运营，是不是发现你经常用的微信其实背后有这么多细节需要注意呢？微信其实就是你的个人品牌名片，所以很关键，大家赶紧把自己的微信再检查一遍吧。

4.5

微信精准涨粉技巧

4.5.1 微信涨粉的正确观念

如果把微信朋友圈当成店铺，那么让更多的客户进店就是提高销售额的关键之一。因此我们需要有更多的微信好友或粉丝。如果没有明确的涨粉目标，其实很多时候都是在浪费自己的时间和精力做无用功。微信想要精准涨粉，必须要先树立正确的观念。

第一个观念是，粉丝并不是越多越好。

我们需要的是精准的粉丝，也就是有可能购买我们产品的粉丝。比如我们做亲子教育，但是我们吸引来的都是还没有结婚生子的年轻人，那么这些人短时间内是不会购买我们的产品的。

再比如，我有一个学员做亲子英语启蒙，她花了很多时间拍视频、做直播，也引流了很多人来加她的微信，结果加进来的都是孩子的爷爷和奶奶。那这些爷爷和奶奶绝大多数不会购买她的亲子英语启蒙的产品，因为这些爷爷和奶奶的年龄都超过五六十岁了，他们以前根本没有接触过英语，自己学英语都很困难，怎么可能去带孩子学英语呢？

他们能够加这个学员的微信，说明这个学员在公域引流这一块做得很好，比如引导大家看直播的时候加微信，并且有送少儿绘本等福利，于是喜欢优惠的爷爷和奶奶就会去加微信了。

除了这个以外，她之所以没有能够吸引到孩子的父母，还可能是因为直播的时间段不对。如果总是在白天父母都在上班的时候或者全职妈妈在带小孩玩的时候去直播，那么很难吸引到精准客户。因此，微信涨粉的目的不是让粉丝越多越好，而是要吸引精准的粉丝。

第二个观念是，我们只需要1000个铁杆粉丝。

如果我们要给自己制定一个涨粉目标，我建议大家把目标定为吸引1000个铁杆粉丝。在最初的时候，你可以把目标定为吸引100个铁杆粉丝。这些铁杆粉丝很容易从购买一款产品变成购买多款产品，他们的消费是跟着人走的，而不是跟着产品走。这才是我们打造个人品牌的意义。

比如我的第一批客户，他们最开始是我的代购客户，在我开始做社交电商的时候变成我的社交电商的代理，在我开始做人生教练的时候变成我的客户，然后在我开始做知识付费的时候，又变成我的学员。他们相信我，无论我卖什么、推荐什么，他们都会愿意购买。个人品牌的价值在于人。

因此，按照二八法则，我们应该先花80%的精力去服务好现有的客户，让他们成为铁杆粉丝，用20%的精力去吸引新粉丝，而不是把所有时间精力都花在涨粉上。

第三个观念是，一定要在粉丝面前做最真实的自己。

我从来不打造什么人设，我就是我。我所有的心路历程和成长经历都可以从我公众号的文章中了解到，如果粉丝认可我，喜欢我，这份信任在他们关注我的公域平台账号的时候就打下了基础。

如果我们总是在别人面前端着，总是觉得一定要表现得很完美，我们就要小心翼翼，就会很累。一旦我们犯错，人设崩塌，粉丝就会立刻变成攻击我们的人。我们都知道，人无完人，没有人是完美无瑕的。如果我们不接受自己不完美这个事实，那就说明我们还不够自信。一个不够相信自己的人，如何让别人相信他呢？

所以我们在想去涨粉之前，一定要先打好自己的心理基础，成为一个对自己有信心的人，虽然我们不完美，但我们知错能改，在不断进步，变成一个更好的人，这就是自信的基础。相信自己会变得更好，明天的自己一定比今天更好。

没有先练习好心法，直接去学技法是没有用的。很多人以为自己没办法坚持做一件事情或者做成一件事情是因为缺技术或方法，但其实并不是，事实上，想学习一个技术或方法有无数种渠道。他们缺的其实是心法。

4.5.2 微信涨粉的技巧

那我们如何增加精准的微信粉丝呢？

1. 主动添加

在我们还没有吸粉能力的时候，我们可以主动去连接别人，添加别人成为我们的好友。

在做个人品牌这条路上人人平等，因为我们可以从每个人身上学到不同的东西，如果我们决定了要打造自己的个人品牌，那么就要有向别人学习的意识。当我们看到喜欢的人、欣赏的人，即便是同行或者竞争对手，都是可以主动去添加的。

他们可能不会立刻成为我们的客户，但他们会给我们带来很多资源。我们可以通过同行的朋友圈，进入更多同行的圈子里，通过他们的圈子去了解这个行业的发展，去看看他们做的事情是不是你未来想做的事情。

去添加别人的时候，可以发一段简单的自我介绍过去，再附上添加他们的原因，以及我们的定位和资源。这样就会让更多人认识我们，即便他们现在没有需求，但不代表未来没有需求，也不代表他们身边的人没有需求。

所有品牌活动最重要的一个目标就是扩大品牌的影响力和知名度。这就是为什么品牌会投放电视广告、户外广告，找明星代言等，在这些广告上投资并不能让消费者看完广告就会直接购买产品，但是可以提高品牌的知名度，让更多消费者看到这个广告，认识这个品牌，把品牌形象和定位植入消费者心里，这样当消费者未来有需求的时候就会想起这个品牌。

做个人品牌也是一样，我们做直播，做公域平台，做私域，都是为了让更多人认识我们，知道我们，了解我们的定位和产品。所以每主动添加一个好友，就是让这世上又多了一个认识我们的人。

有的人性格比较内向，觉得不好意思。我其实也是一个内向的人，但内向不意味社交能力差，觉得不好意思其实还是因为不自信。做个人品牌，绝大部分人以为自己的障碍在定位上，但真的不是，绝大部分人的障碍在不自信上。

那怎样培养自信心呢？就是先行动，把目标放在自己的行动上，而不是别人的反馈上。当我们坚持行动了一段时间，我们自然会被更多人看到，并且获得正反馈，然后我们才会凭借正反馈获得继续行动的动力和自信心。这是一个良性循环。但如果我们一直卡在行动上，就谈不上去获得正反馈和自信心了。就像我们如果想要中彩票而实现一夜暴富，我们首先得先去买一张彩票。

2. 社群加粉

进入一个社群的时候，如果群主允许自我介绍，就可以去社群里发布自己的自我介绍来吸引别人主动添加自己。但进社群发自我介绍一定要灵活，不要每进一个社群，看都不看社群的属性就发一段自我介绍，那样的话，很可能就被踢出群了。这样的行为很不明智，也很让人反感。

低级的营销是直接发广告，高级的营销是建立关系。关系的背后是感情基础。我们首先是一个人，不是一个发广告的机器。所以我们得灵活，而不是只千篇一律地发广告。我们发出去的所有内容一定要有自己的情感。

在社群里加粉是最简单的微信涨粉的方式，现在每个人都有很多个社群，如果我们能把这些社群里的人都添加为好友，微信好友人数是不是会立刻就增加很多？但我们加好友需要筛选，不要去添加跟自己没有关系的人，而是要添加跟自己有关系的人。什么叫作有关系？比如我们和对方都是妈妈，都是校友，都在学习同一类知识，都有共同的目标等。拥有共同的属性，我们跟对方之间才会更容易建立关系和信任。

在社群里加粉有几个关键点。

第一，如果这个社群的成员跟我们的定位是吻合的，也就是说社群里的人都可能成为我们的客户，那我们一定要多在这个群里互动。

比如我们做亲子教练，进了一个亲子读绘本的群，那这个群里肯定都有孩子的家长，他们很可能成为我们的客户。所以在这样的社群里我们一定要去多展示自己，多露脸，在群里多去帮助别人，分享我们在亲子方面相关的知识和有价值的内容，这样才会让群里的人对我们产生好感。我们再去添加他们，他们也不会拒绝。如果他们觉得我们很真诚、很正直，并且分享的内容有价值，那么他们也会很乐意来主动添加我们。

第二，在社群里一定要多给别人捧场。别人说话的时候我们看到了，就动动手指回复一下，给别人点赞一下，支持一下。这花不了多长时间，但是会给别人很大的鼓励。如果我们在群里说一句话，有很多人支持我们、回应我们，我们是不是会感觉自己被尊重，觉得很温暖呢？我们也会记住这些一直支持我们、鼓励我们的人。所以要多多站在别人的角度考虑问题。

这句话很关键：我们想获得什么，就要先给出去什么。我们想获得别人的捧场和尊重，那么就要先学会去给别人捧场，尊重别人，我们想获得金钱，就要先愿意去给别人付费。人和人的关系就是这样通过一来一往建立起来的。

如果我们在这个社群里活跃，群主就会对我们的印象非常好，因为每一个建群的人都希望自己的社群是活跃的，大家都乐意发言。因此我们的活跃其实也是在帮助群主，群主很可能就会愿意给我们更多的帮助和资源，比如愿意让我们在他的社群里做一场分享，那我们就可以非常精准又名正言顺地为自己引流了。

第三，在社群里一定不要抢群主的风头。要知道我们和别人能进到一个共同的社群里，说明你们都是被群主吸引来的，都跟群主有一些关系。每个人建立自己的社群都有打造个人品牌、扩大自己影响力的目的。而如果我们进到这个社群里，要么不说话，要么一说话就是去营销自己，就一定会遭到群主的反感。我们要学会站在他人的角度上考虑问题，先给予别人需要的，然后再去考虑自己需要什么。

每个群主都需要被尊重、被捧场、被认可，所以要先去给群主赋能，感谢群主创建这么好的社群，让我们有机会认识这么多陌生的网友，我们要真诚地去认可和感谢群主，然后才会获得群主的支持。如果这个社群里的人都是群主的粉丝，一旦群主认可了我们，支持我们在社群里曝光自己，那么我们就会很容易获得社群里其他人的信任和支持。

一个只考虑去获取自己利益的人，是做不好个人品牌的。真正能够做好个人品牌的人，其实一直都在给予。

3. 直播吸粉

视频号直播是现在的风口，建议大家去做。直播吸粉是在公域平台吸粉的最直接的方法。

视频号直播可以直接放企业微信二维码，别人看我们直播的时候就可以当场扫码并添加我们。如果我们没有企业微信，也可以在视频号简介里写上自己的微信号，引导粉丝去视频号主页添加我们。

4. 公域引流

除了直播，我们做其他自媒体，比如抖音、小红书等，辛辛苦苦去拍视频、写文案，其实都是为了引流到自己的私域上。因此去做这些内容和运营自媒体的时候，就要有明确的目的，要让粉丝能够找到我们的联系方式，加上我们的微信。不然费劲地去学习拍视频，学习自媒体涨粉，但是粉丝没办法添加到微信上，没办法和我们建立关系，这些自媒体上的粉丝对我们而言就是没有消费价值的，因为他们无法转化成客户。

粉丝和客户之间是有差别的。客户才是我们要花时间精力去维护的，粉丝只是"路人甲"，他今天可能关注我们了，明天可能就去关注别人了。

如果我们把流量当作一个鱼塘，就要学会在公域流量的鱼塘里去"钓鱼"，然后把鱼放在自己的私域里去养，再让鱼生鱼。在公域平台如何"钓鱼"呢？要学会引导别人添加我们的微信。比如可以让粉丝有问题就私信自己，或者私信自己获取福利之类的，然后等他们私信我们的时候，让他们添加我们。

因为除了微信生态圈，其他的公域平台几乎都是不许放微信号的，所以我们不能在自己的视频或图文内容里直接放微信号和二维码，只能通过引导粉丝私信来添加我们。

5. 互推涨粉

互推涨粉也是非常好用的一种方式。找到跟我们一样在做个人品牌的伙伴，我们可以和对方互相引流，让自己的粉丝去添加对方，这样通过互换流量来涨粉。这是一种互利互惠的方式。

比如我们可以直接在朋友圈去介绍和推荐对方，也可以直播连麦，如果我们想涨粉，那就先去给别人引流，别人自然也会愿意给我们引流。我很乐意做的事情，就是挖掘别人身上的潜力和优点，然后为别人引流。我的学员如果把自己的产品做出来了，我也很乐意去帮助他们在我的社群里去发售产品。因此，大家才会非常关注我的社群，社群氛围非常好。

以上就是微信精准涨粉的5个技巧，可以都试一试，找到最适合自己的方法。

个人品牌：营销

5.1
如何写好个人品牌故事

如果你去观察市面上的品牌，比如苹果、耐克、海底捞，甚至是淘宝上的独立设计师品牌，你会发现，每个品牌都有自己的品牌故事。在我做品牌经理的时候，我花了很多时间去准备品牌故事、创始人故事、品牌愿景、使命、价值观等，这些都是做品牌的最初始的、最关键的内容。

做个人品牌也是一样。你去找定位、做产品、引流的同时，还需要做的一件很重要的事情就是去写自己的个人品牌故事。去回想自己的成长历程，你经历过什么，你的人生有什么样的转折，是什么促使了你想去做个人品牌，是什么让你选择了这个定位，你对未来的愿景和你的价值观是什么。

5.1.1 个人品牌故事框架

想要打造个人品牌的人，肯定是相信自己有潜力，并且能够也愿意把自己过去的知识和经验交付出去的人。

这里给大家提供一个写个人品牌故事的简单思路，供大家参考。

第一，你过去经历了什么样的挫折或困难？第二，你通过什么原因改变了自己，实现了更好的生活？第三，在你对抗挫折、改变自己的过程中，你收获到了什么？第四，你将如何把你的收获传递给更多的人，如何帮助到他们？也就是看你的个人品牌故事的人能够从你身上获得什么。

用4句话来总结，就是"挫折坎坷迷茫无助，探索尝试寻找出路，柳暗花明突破难关，成果展示经验总结"。

有的人可能高中毕业之后就没有写过文章了，所以觉得写作很难。我觉得文案写作是个人品牌打造的基本功，就像演讲表达能力一样。所以我建议大家都去写一写，去尝试提高自己的写作和表达能力，这其实无论是对于打造个人品牌，还是生活和工作，都有很大帮助。

但是，如果你实在是写不出来一篇像样的文章，你也可以花钱找一个擅长文案写作的人，你口述自己的经历，让他帮你撰写一篇个人品牌故事。这时候有人会发现，如果他特别擅长文案写作，他就可以通过帮别人写个人品牌故事来实现副业转化了，如果他恰巧又学习了个人品牌打造课程，就可以马上找到自己的定位——个人品牌故事文案师，并且可以在我的这个课程里直接找到目标客户。

每个人身上都有可以转化的潜力，要善于挖掘自己的潜力，并且善于打造自己的个人品牌，营销自己，找到转化的途径。如果你懂个人品牌，你会发现自己在主业之外，可以找到无数个副业转化的方法。

还有人会问，写了个人品牌故事，然后做什么呢？该把它发表在哪里，或者用在什么地方呢？如果你做文字自媒体，你可以直接发布在自己的公众号、知乎、豆瓣、今日头条上。如果你做视频自媒体，你可以直接拍一条视频去讲述自己的个人品牌故事。

比如大家经常会看到很多短视频，名字类似于"一个普通女孩的十年"，视频讲述创作者的蜕变和成长经历，这其实就是他们的个人品牌故事。这类内容就能非常直接地让别人了解你，并且了解你的产品，对你产生兴趣。同时，你的个人品牌故事也可以分享到社群里。简而言之，你要有"一鱼多吃"的思维，一个内容可以有多种用法。

有的人可能会觉得自己过去的经历很平淡，没有什么特殊的可以拿来讲述的故事。我觉得，这可能是因为他不会总结经验。在我眼里，每个人的经历都是独一无二的，如果你善于总结经验，你就一定能从过去的经历中有所收获，而这个收获是可以分享给别人的。

退一万步说，如果你实在是觉得过去的自己太普通、太平凡了，没有一技之长，没有闪光点，那你更应该抓紧去打造自己的个人品牌，找到一个你喜欢和擅长的事情，然后深耕下去，因为过去的经历你无法改变，但是未来掌握在你自己手中，未来的个人品牌故事，是可以从现在起由你去创造的。

5.1.2　个人品牌故事3要素

一个好的个人品牌故事有3个要素：吸引人，启发人，连接人。

首先，故事如何才能吸引人呢？就是你的故事里要有冲突，让人感到意外。比如我和老公以前都在国企工作，非常稳定，但我们刚结婚就裸辞来了新西兰。听到这里，你是不是觉得很意外呢？会好奇为什么我们要放弃稳定的工作出国，好奇的心理顿时就产生了。

其次，故事要能够启发人。你的故事要有价值，能够给人启发。比如我在新西兰白手起家，我老公从工地搬砖到自己创业，我们2

年时间实现了技术移民，4 年时间买 2 套房。我在公众号里面分享了很多我克服挫折、柳暗花明的经历，这就能让和我们有相似经历的人得到启发，给他们信心，因为我可以做到的，他们说不定也可以。

最后，故事要能够连接到他人，也就是要能够让人产生共鸣，使人共情。还是拿我来举例子，我不喜欢过去一眼望到头的生活，所以我来到新西兰，努力去实现自己想要的自由生活。那么我努力奋斗的过程就会让很多有同样的经历，也讨厌稳定，喜欢折腾的人产生共鸣。尤其是自由自在的生活，是很多人都向往的，所以大家都会好奇，自己想做的事情，别人是如何做成的。

说实话，我自己写东西的时候是没有这么多套路的，我写文章从来不列大纲，想到哪里就写到哪里。我认为文案写作唯一的套路就是真情流露。对我而言，写文章已经是一个内化的事情，我不需要去考虑技巧，它已经变成了一种习惯。但不太会文案写作的新手在刚刚开始练习文案写作时可以去套用一些模板。想要写好文章，没有捷径，只能去刻意练习。

5.1.3 个人品牌故事用途

打造个人品牌，文案写作是重中之重。无论是做海报，发朋友圈，还是拍短视频，都需要文案写作能力。你如果想要练习文案写作，可以从写个人品牌故事开始，去向别人讲述你自己打造个人品牌的心路历程。同时，你还可以从每月复盘开始，每个月去用文字总结自己的经验收获，尝试把自己的所思所想用文字的形式表达出来。你可以先从自身的成长和思考出发，去练习文案写作，并且从中不断迭代自己的个人品牌故事。

你再有天赋，再有梦想，再有能量，都需要每天坚持，日复一日地执行，人所有宝贵的优点和品质，最后唯一的落脚点就是坚持。在方案写作这条道路上，没有捷径，"唯手熟尔"。

线下低调谦虚，线上多多表达。在亲戚朋友身边，在生活当中，行为处事要低调谦虚，但是在互联网上打造个人品牌，要学会表达、展示和宣传自己。不会表达和自我营销的人，会错过很多红利期。

你辛辛苦苦写出来的内容，并不是只能发到朋友圈，还可以发到社群和不同的自媒体平台上，分享给更多人。这样就能够通过一个内容在多个平台曝光，以此提升影响力，让跟你一样同频的人对你产生兴趣，主动跟你连接。如果你总是默默地学习和行动，不总结，不展示自己学到的东西，那就算你有一身本领，别人也不知道，有需求也不会想到找你。

5.2
营销漏斗之知晓阶段

个人品牌打造地图的定位、产品、流量我们都介绍过了，现在进入很重要的第4步：营销。

如果是懂营销的人，一定知道营销漏斗。我们跟客户进行成交并不是单一的行为，背后其实是有一系列的过程的。另外，成交之后并不是营销活动就结束了，而是还会有一系列的行动去留存客户，实现二次成交或者引流新客户，这样才是一个完整的营销活动。

在这里我们把个人品牌营销漏斗（图3）自上而下分为知晓阶段（触发欲望）、考虑阶段（寻找对比）、购买阶段（强化决定）、留存阶段（买更多／复购）、客户阶段（传播推荐）。归类一下，我们可以分为流量入口、转化成交和用户推荐 3 大阶段。把这个漏斗走完，才是做了一个完整的营销闭环，才会筛选出优质的客户。

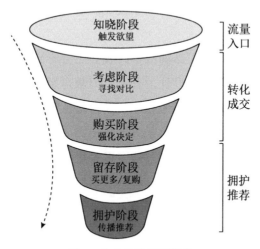

图 3　个人品牌营销漏斗

营销漏斗在不同的场景中有一些不同，但逻辑都是一样的。比如，有 1000 个人报名同一门个人品牌课程，但是学完的可能只有一半人，学完以后记了笔记的可能只有 300 个人，而能把学到的内容结合自己的情况进行思考和行动的可能只有 100 个人，最后行动起来能有结果的可能就只剩下不到 50 个人了，这就是漏斗。

世界上最遥远的距离就是从知道到做到的距离，人和人之间的差距也是这么来的。

漏斗出现在我们生活的方方面面，它就像是一个筛选机制，经过了层层考验之后筛选下来的人会更容易成功，而经过营销漏斗层层筛选下来的才是我们的优质客户。

在营销漏斗的每一个阶段，我们需要做的营销也是不一样的，当中会有很多细节，如果是对打造个人品牌或做副业毫无了解的人，可能在每一个阶段都需要从零开始去学习。

因此我们也会发现，如果我们真的会打造个人品牌，我们其实就相当于学会了很多技能，成了多面小能手。而且我们只要掌握了个人品牌地图上的任何一个技能，这个技能都可以帮助我们实现知识转化。

比如，除了写个人品牌故事，我们还会看到有人专门教文案写作，有人专门教海报设计，有人专门教自媒体运营，还有教公众号运营涨粉，如何剪辑短视频，如何运营社群等，这些技能都是我们打造个人品牌需要去学习的技能。如果我们的个人品牌可以建立起来，也就说明这些技能多多少少我们都会了，而且最关键的是我们掌握了一套可以迁移到任何行业，甚至创业上的品牌营销思维。

5.2.1　如何提高个人品牌知名度

拆解一下营销漏斗，先来看营销的知晓阶段，也就是客户刚刚认识你、了解你的阶段。

前面讲产品的时候讲到了流量产品，知晓阶段其实也就是客户刚刚接触到流量产品的阶段。这个阶段你需要去尽可能地让更多人认识自己，触发他们购买产品的欲望，用专业的话讲就是提高品牌知名度。在提高个人品牌知名度上具体需要做什么呢？

第一，你要准备好你的品牌营销素材。对于企业品牌，即品牌介绍、宣传片、客户证言、产品介绍等素材。对于个人品牌，即定位标签、个人品牌故事、产品海报等。这些素材你一定要有，然后才能去宣传自己的内容。

第二，利用好公域和私域的流量，让更多的人认识你。你要经营你的微信生态圈，朋友圈要发起来；你要有自己的粉丝社群，公众号、视频号都可以做起来；你还要利用好其他自媒体平台，比如小红书、知乎、豆瓣等，你的目标客户都在使用的自媒体平台上一定要有你的输出内容，他们才能看到你。

做自媒体说简单也简单，说难也难。尤其是对于既不会写作，也不会拍视频、剪辑和直播的人来说，基本上所有的事情都要从零开始学习。就算这些你现在都不会，但你至少应该会发朋友圈。发朋友圈非常重要，如果说社群运营你不会，做自媒体你也不会，至少你要从坚持发朋友圈开始去输出。

第三，学会互推和借势，扩大营销漏斗的开口。比如做一些直播连麦的活动，参加一些付费的社群，或者报名学习一些课程，进入你目标客户的圈子里。比如我的很多学员的第一批种子客户就是在进入我的社群以后获得的，他们把我的粉丝转化成了他们的客户。

做个人品牌，客户不是只成交一次的，每个人的需求是多样化的，你的客户可能也是别人的客户，而你的学员也可能变成你的老师。在做个人品牌的这个圈子里，你会发现每个人都有特长，每个人身上都有值得学习的地方。所以我也鼓励大家多去向别人学习，这是最快的个人成长的方式，也是做个人品牌获取流量的方式之一。

营销漏斗的上方有多少人进来，决定了你最后能有多少客户成交。虽然营销漏斗每一个部分的转化率非常重要，但营销漏斗在知晓阶段进入的流量有多少更重要，因为没有人认识你，没有人知道你，你的产品再好，你再有能力，后面阶段的转化率再高，也没用，你就是没有客户。

5.2.2 如何持续输出

在知晓阶段，大家都知道要输出、要曝光，但是为什么很多人做不好个人品牌？就是因为没有持续输出、持续曝光。比如，一时兴起做一下短视频，坚持一个月就断更了，这样肯定是不行的。

做个人品牌就是一个"积跬步以至千里"的过程，不是一蹴而就的，需要坚持，也就是坚持提升自己和坚持输出价值。这个过程不就是最有效的个人成长的过程吗？很多人说不知道自己的人生方向和目标，那就可以把做自己的个人品牌当成一个目标。这个过程就是深挖人生使命和愿景，找到那件自己可以持续做下去、持续成长的事情。

那么，如何可以做到拥有持续分享的灵感呢？

一个人的时间用在哪里是可以看到的，我觉得这句话说得非常对。时间久了就会发现，会输出的人，就会有源源不断的灵感和内容可以分享出去，吸引别人，而不输出的人，发朋友圈都是一件很困难的事。

首先，你要用"一鱼多吃"的思维推广自己的个人品牌故事。一篇好的个人品牌故事，就是让陌生人看完以后就能了解你是一个怎样的人，就会成为你的粉丝，想去认识你。推广个人品牌故事，就是为了提高我们个人品牌的知名度，传播自己的影响力，并且增加陌生粉丝的信任感。

你的个人品牌故事可以发到公众号、视频号，还有其他的自媒体平台；你也可以拆解它，写成几条朋友圈；可以去别人的社群里分享，还可以请别人帮你转发互推。总而言之就是尽可能地去让更多人看到你的个人品牌故事。

第二，边输入，边输出。我有一个习惯，我看到的、听到的任何语言、文字、图片，如果给了我灵感，我都会立刻记下来，可能会忍不住发条朋友圈、写篇文章，或者做个视频，再或者放进我的课程里。

输出其实也是一种需要刻意练习、刻意培养的习惯。如果你真的不知道该怎么做，那我建议你直接去付费体验同行的产品、榜样与大咖的产品，你去看看他们是如何输出的，你从他们那里听来的内容，你能不能用自己的话再去说一遍，或者用你自己的文字再去写一遍，并去发几条朋友圈。

还有一个简单的方式，就是去阅读大量跟你的定位相关的书籍，去分享你读书之后的感受，哪怕是摘抄都可以，并养成记录生活的好习惯，包括你每日学习的收获和感悟、你客户的反馈等。

第三，用合作的方式向他人学习。我的灵感很多时候来自和别人思维上的碰撞。我很喜欢和不同的人合作，从别人身上学习。

在打造个人品牌的路上，可以怎样去跟别人合作呢？你可以邀请大咖来给你的粉丝做分享，让大咖给你赋能，你给大咖引流；你可以去当大咖的助理，通过和他一起做事来学习是最快的成长方式；你还可以和同行一起去搭建产品体系，比如你们一起去服务同一个客户。

我认为，最有价值的灵感不是自己闷头想出来的，而是和别人的思维碰撞出来的，所以要多跟别人进行深度交流，从不同人的思维里学习到不同的内容，输出最有价值的东西。

在营销漏斗的最上方——知晓阶段，你需要做的一切行动都是希望可以扩大最上方的流量池。当流量不够的时候，你很快就会遇到瓶颈期。所以，当你找到定位，做出产品，就应该开始投入大量的时间和精力来做流量。

5.3

营销漏斗之考虑阶段

营销漏斗的第二个阶段是考虑阶段。考虑阶段要做的事情是什么呢？我总结了3点：戳痛点、晒好评、做活动。

当客户从知晓阶段进入考虑阶段，就说明他已经被你打动了，对你的产品动心了，只是可能还有一些顾虑，比如这个产品是不是他现在需要的？性价比高不高？产品的质量或者你的服务好不好？

你回忆一下自己买东西的过程，就会对客户在考虑阶段的心路历程感同身受。考虑阶段其实就是客户在考量和做对比，在这一步，你需要自己先回答3个问题。这3个问题很关键，对应了你在考虑阶段的营销行动。

第一个问题是客户为什么要买你的产品，第二个问题是客户为什么要找你买，第三个问题是客户为什么要现在买。如果你能把这三个问题的答案通过你的内容和广告去解释清楚，那么客户就会从考虑阶段转化到购买阶段，直接立刻去下单了。

下面拆解一下每一个问题对应的营销行动是什么。

5.3.1 客户为什么要买你的产品？

针对这个问题，这时候你要不断地去戳客户的痛点。什么叫作客户痛点？就是你的目标客户会遇到什么样的普遍问题。比如对于做亲子教练的人来说，客户痛点可能是孩子不听话，不知道如何和孩子有效沟通。这也是很多做父母的普遍痛点。

如果你的产品是亲子一对一教练，你就需要持续地在你微信朋友圈或者其他输出平台去分享你经历的或认识到的客户痛点，以及你是如何解决这些痛点的，最好加上之前的客户反馈，比如他们是怎样通过你的帮助来解决痛点的。

戳痛点不能今天戳一下，隔三个月或半年再戳一下，想要让客户立刻下单，那就要持续分享，高频率地去触达客户，去戳他们的痛点。

5.3.2 客户为什么要找你买?

要回答这个问题，你就需要晒好评，增加客户对你的信任感，减少他们的顾虑。真实的客户好评会比自夸的效果好很多。所以你在一开始的时候就要有积累案例和好评的意识。

在客户考虑的过程中，还需要有一些小动作，增加他们的信任。这里就可以用到产品矩阵里的信任产品了，比如公益教练、免费的咨询体验、低价的小课或者社群等。

当然了，前面一直提到的持续输出，其实本质上也是在增加客户对你的信任感。因为一个人可以一直持续做一件事情，就说明他一定对这件事足够热爱，也能从中获得成就感。你要找到那个你愿意一直持续输出、持续深耕的领域，因为你做真正热爱的事情，其实在别人眼里你就是在发光的。

除此之外，你还要把自己和竞争对手的差异化凸显出来，把自己的特点和优势展示出来。比如市面上教打造个人品牌的老师那么多，为什么大家要选择跟我学习？

第一，因为我是科班出身，不是半路出家。我不是随便学了几节课就去教大家的，我是市场营销专业毕业的，并且从事过海内外品牌营销管理的工作，业余也在做自媒体营销，之前已经有很多年的专业积累。

第二，我是一名国际教练联合会认证的专业人生教练。因此，我对教练的个人品牌需求非常了解。我总是说，首先我是一名人生教练，其次才是个人品牌教练。我是以帮助学员探索自身的潜力和人生目标为目的去帮助他们打造个人品牌的，所以我的课程重点和价值理念在于如何突破自己、建立自信、掌控自由的人生，而不仅仅是为了赚钱。因此我的目标客户就不是很缺钱并且急于赚钱的客户。

第三，我是一个行动派和实战派的老师，我以结果和目标为导向。我在课程上讲过的东西都不仅仅是理论，而是我自己行动并产出结果以后的总结，并且我是带着学员一起去行动、产出结果的，比如我会带大家做海报、直播、发售产品，而不仅仅是教理论。

这就是我和其他个人品牌老师的区别，这也是为什么我吸引来的客户都是和我非常同频的人。如果你能够非常清楚地知道自己是谁，自己能提供什么，自己和别人不一样的地方在哪里，那么你就知道谁是你的客户，而谁不是。做个人品牌绝对不是让所有的人都成为自己的客户，而是要筛选和自己同频的人。

5.3.3 客户为什么要现在买？

在这个问题中就要用一些营销的手段了，比如做一些限时的活动优惠来促单，也就是营销 4P 里的 promotion（营销活动）。做市场营销要考虑到 product（产品）、price（定价）、placement（渠道）、promotion（营销活动）。4P 对于做个人品牌营销也很重要，每一个都要考虑到。

营销活动大家应该不陌生，比如你的一对一咨询原价是 499 元，设置首单体验价为 99 元。先吸引大家来跟你连接，先去尝试给真实的客户交付你的产品，拿到客户的反馈，建立自己的信心，进行第一轮交付实操。

很多在考虑阶段的客户一看见营销活动就会立刻产生购买行为。回想一下你自己是不是也一样呢？平时舍不得买的东西专门放在购物车里，等待"双 11"的时候下单。这就是营销活动的力量。

在营销活动上有各种花样玩法，在后面的小节会详细介绍。无论任何行业，营销的底层逻辑都是一样的。如果你有心去观察，就会发现生活中随处可见各种各样的营销活动，其实都可以学来用在自己的个人品牌营销上。

5.4
营销漏斗之购买阶段

营销是做个人品牌避免不了的非常关键的一步，也是个人品牌打造地图的第 4 步。如果你做不好营销，不懂如何让客户成交，那么前面做的定位、产品、流量都是白费功夫。

5.4.1　突破金钱障碍

很多人不好意思和别人谈钱，不好意思显露出自己想赚钱的意图，不好意思去销售产品，生怕别人对自己产生误解，觉得谈钱伤感情，会让别人觉得自己爱财。

但你会发现，当你去销售产品、大方谈钱的时候，会对你产生误解或排斥的人，他们本身很可能跟金钱的关系不太好，或者缺乏商业头脑。

一个人如果打通了个人品牌地图，非常懂得营销或者懂得商业合作，当别人去向他推荐产品或者介绍一种新的商业机会的时候，他就会理解别人在做的事情，因为他也做过，他也会对新的商业机会产生好奇，而不是还没了解就拒绝。

想要让自己的个人品牌可持续发展，不是单打独斗就可以实现的。因为每个人的定位都很细，即便你有丰富的产品矩阵，一个人的精力和时间也是有限的。

所以未来你想要走得更远，会需要很多的合作机会，去完善自己的商业模式。这就是为什么在产品矩阵设计上会有"分销产品"这一栏。在我打造自己个人品牌的时候，我不仅仅是在做我的课程，做一对一私教，我还推出了合伙人的项目，去培养未来可以合作的人。我知道，合作才能让一群人走得更远。

而一旦你开始和别人谈合作，都避免不了要去谈利益分配，或者股权分配，这就是在谈钱。你会发现，有钱人从来都不会耻于谈钱，相反，他们都很清楚在商业社会里如何用钱撬动更多的资源。如果你在一开始突破不了自己的金钱障碍，耻于谈钱，那你在个人品牌这条路上最终也不会走得很远。

什么是营销？说直白一点，就是把你的产品卖出去，获得钱，那肯定就会涉及金钱。学了这么多营销技巧，如果你有金钱障碍，再多技巧也没有用。所以要先处理好自己和金钱的关系。想赚钱没有什么可耻的，更何况你是通过自己的努力，带着助人助己的目标赚钱。

低级的营销是直接发广告，高级的营销是建立关系。做营销并不是把产品硬推给别人，让别人去花钱，那也是不可能实现的。

高级的营销是建立人与人之间的关系，是你真的能够用你的产品帮助别人，并且能够让你们的关系更紧密，客户甚至都没有觉得你是在营销产品，而是觉得你是真的在为他好。

当然，你是不是真诚，你是不是真的站在客户的角度去为他们着想，你的产品是不是真的有价值，客户肯定是可以感知到的。所以营销的根本还是真诚，你的初心是不是好的，你是不是一个言行一致的人，别人是可以感受到的。

5.4.2 掌握营销技巧

营销做到一定程度，就是根本不需要去营销，别人会自愿来为你付费。用八个字来总结就是"无我利他，忘记成交"。但是对于小白来说，一些技巧是前期必须要学习的，然后在实践中去总结经验，克服障碍，磨炼自己的心法。

营销技巧真的太多了，学习营销技巧可以去参考淘宝这种电商平台，这些电商平台几乎每个月都有定制的营销活动。在这里先跟大家分享最常见的10种营销技巧，学到了马上就可以去尝试。

第一，限时折扣。比如你的产品限时在今天之内下单是100元，明天就涨价到200元。

第二，拼团。拼团是一个很好的方法，因为一个人想买你的产品，就说明他认可你，也愿意把你的产品推荐给别人，为了帮自己和别人省钱，他就会找朋友一起来买。

第三，满减或买赠。买满多少钱就减多少钱，这个一般用在实物商品上。做知识付费的话，用得比较多的是买赠，比如报告训练营赠送一对一咨询服务。用买赠去吸引客户下单，让客户觉得自己赚到了。

第四，套餐组合。单买一个产品比较贵，但是几个产品一起买就比较便宜。比如我的"合伙人和私教"其实就相当于套餐组合，因为里面包含了课程、一对一教练咨询、商业定位诊断、年度社群等，这些单品加起来的价格要远远超出套餐的价格，所以，报名"合伙人和私教"这个套餐组合就会比较划算。

第五，秒杀。秒杀一般是用在清库存或者给店铺大量引流的时候进行的很大折扣的活动，甚至是亏本买卖。比如原价199元的产品，你可以进行一场2个小时的秒杀活动，只要9.9元。可以在直播间玩秒杀，比如仅限直播间下单才可以享受秒杀的价格，或者只放出10个名额，开启秒杀之后，卖光了，就没有了。

秒杀活动会因为时间压力给消费者带来稀缺感，从而促进消费者下单。秒杀和限时折扣的区别就是，秒杀的优惠力度更大，时间更短，目的是用低廉的价格吸引流量，而限时折扣更多的是面向现有的客户，促进大家提前下单。

第六，抽奖。抽奖也很好玩，比如可以在视频号直播的时候设置福袋抽奖，倒计时15分钟，中奖者就可以私信联系你领取奖品，这在直播间里面可以让观众为了等抽奖而停留更久的时间，也是一种把直播间的公域流量引流到私人微信上的方法。

那除了直播间抽奖，在自己的社群里面也可以经常做抽奖活动，用来活跃社群的气氛。比如发一个红包，抢到的金额最多的人就为中奖者，可以免费得到小礼物或者小课程等福利。我之前在我的代购客户群里经常玩抽奖，抽奖用来活跃社群气氛非常好用，但要做好预告，比如告诉大家几点钟在群里进行抽奖，参与的要求是什么，奖品是什么等。

第七，预售。预售就是提前发售自己的产品，这是我在做个人品牌的第一个月用到的技巧。在我刚刚冒出一个新产品的想法的时候，我就会先做出海报进行预售。这样做的好处三点：第一，让我了解市场需求是否和自己预期的一样，有多少人会下单；第二，让我有更充足的时间去提前准备，我可以在预售阶段慢慢去准备产品，而不是别人一下单我就要马上去交付；第三，预售可以提前回款，有利于自己保持健康的现金流，为下一阶段的产品做准备。第三点对做实体的伙伴们更重要，就是先通过预售去收一笔钱，然后用这笔钱去购买材料，这样就不会导致自己在前期要垫付很多资金。

第八，积分兑换和会员优惠。把这两个放在一起，是因为这两个都是针对老客户。如何留住老客户？就是让他们有专属身份感，比如拥有独特的会员优惠价格或者会员福利，再比如他们可以通过不同的消费行为积分，积分可以兑换奖品。

现在几乎各行各业都在用积分兑换和会员优惠。比如你买奶茶有积分卡，去剪头发，理发店会让你办个会员。即便你做的个人品牌是做知识付费，你也可以想想如何利用积分兑换和会员优惠。比如我的人生规划的共创课程，只有年度社群里的人可以参加，这就是给他们独特的年度社群的会员专属身份感。

第九，裂变返佣。裂变的主要目的也是引流，但裂变是让老客户带新客户，然后直接给老客户返佣金。这相当于是把老客户变成你的销售员，帮你去销售产品，然后拿提成。裂变活动适合用在本身擅长销售并且认可你的产品的客户身上，是一种三赢的方式——老客户可以赚到钱，新客户可以通过朋友了解到好的产品，而你也可以获得老客户通过裂变带来的新客户。

但是很多普通客户在裂变的时候有金钱障碍，就是把产品裂变给朋友的时候，会很担心朋友知道自己有提成和返佣。因此，裂变适用于本身就有销售经验的人或者明确自己的销售身份，没有金钱障碍的人。

第十，定向营销。什么叫作定向营销呢？就是只针对特定的一群人进行营销。比如我一开始推出"3天个人品牌商业秘籍课"，并没有大量去做营销宣传，而是在最开始的时候定向在教练圈里发售我的课程，因为我知道他们是我身边最需要打造个人品牌的人。

然后在我发售第一期"21天个人品牌实操营"的时候，我也没有在其他渠道花大量时间做宣传，而是集中精力在我的秘籍课的群里定向营销，因为这些参加完秘籍课的人是最有可能继续学习"21天个人品牌"实操营课程的人。他们既然学了秘籍课，就说明有个人品牌打造的需求，而他们听完了我的课程，对我也有了一定的信任基础，因此他们也是最容易转化到我的其他产品上的客户，就非常适合用定向营销的方法。

其实，营销技巧并没有章法可循，你去真正做营销的时候，会发现所有的营销都不过是抓住了市场需求和客户的心理痛点。如果你真的了解市场和你的客户，你在营销之前就可以预料到结果，就不会太担心没有人埋单。

5.4.3 了解消费心理

那如何才能了解市场和客户的心理痛点呢？我从几个常见的消费心理学的角度去给大家举几个例子。

1. 恐惧心理

比如人们都会对贫穷、肥胖、疾病、失去爱、死亡等产生恐惧，所以你去看现在的广告，会发现商家利用得最多的就是大家的恐惧心理。因为你害怕疾病，所以你要买这个预防疾病的保健品，保健品的广告卖点就会戳中客户对疾病的恐惧心理这个痛点。

知识付费也是一样，因为大家现在都在学习进步，你不学你就落伍了，所以你必须不断学习，终身成长。但这是欺骗吗？并不是，这其实也是事实，只不过商家利用了客户的恐惧心理，从这个点出发去宣传自己的产品，就会有事半功倍的效果。

那么如何去利用客户的恐惧心理进行营销呢？

第一，你要找到客户的恐惧点。比如孕妇最恐惧的是什么？那当然是自己怀的宝宝出现问题。这就找准了孕妇的恐惧点。

第二步，给出解决方案。比如你可以做一个防辐射肚兜，给孕妇宣传平时手机和电脑的辐射对孕妇和宝宝的伤害有多么大、多么危险，然后给出解决方案，就是买你家生产的防辐射肚兜，能有效避免手机、电脑和家电带来的辐射，保护宝宝的健康等。哪个孕妇听到这个能忍住不买？

2. 从众心理

当你看到大家都下单了，你就会想跟大家一起下单。当你看到大家都买了，你就会忍不住去买。为什么有一些门店开张的时候，会专门花钱去请"托儿"在门口排队，假装自己生意很火爆？就是因为人们有从众心理，看到大家都在那儿排队，就忍不去要过去凑热闹。

从众心理也叫作羊群效应，羊群平时是很散乱的，但一旦有一只头羊动起来，其他的羊也会不假思索地一哄而上，这就是为什么牧羊犬能够赶一群羊，因为它只要赶一只羊跑起来，其他羊都会跟着跑起来。

想想你自己，买东西的时候是否喜欢挑选销量最多的那一家？这也是从众心理，觉得大家都买的这一家肯定就是最好的一家。这就是为什么淘宝上会有卖家花大价钱去雇人刷单，因为把销量刷起来，消费者就会因为从众心理去他们家买东西。

3. 权威心理

大家都相信权威和专家。为什么国内的 KOL（Key Opinion Leader，关键意见领袖）营销那么火，导致现在人人都想成为百万粉丝的博主，通过成为 KOL 来赚钱？就是因为消费者有推崇和相信权威的心理。一旦你成为一个领域的 KOL，消费者就会非常相信你，品牌方就会让你去为品牌代言。当你成了权威，你就很容易赚到钱。

此外，做个人品牌也需要一些背书。比如你是名牌大学毕业的，你在世界 500 强企业工作，你是上市公司高管等，这些都是利用客户的权威心理给自己增加背书。

打造个人品牌，是把自己当作一个品牌，一旦你的个人品牌砸了口碑，你就没有回旋的余地了。所以你在给自己写权威背书的时候，一定要保证真实，不要搬起石头砸自己的脚。

消费者心理还有占便宜心理、贪婪心理、攀比心理、稀缺心理等，在这里我就不一一列举了，大家有兴趣也可以自己去学习一下消费者心理学。

如果把营销跟日常生活关联起来，你会发现营销其实无处不在，一旦你能够看穿它，就不会陷入消费陷阱里，并且你在打造个人品牌的时候也可以利用消费者心理学玩转营销，真正把自己的个人品牌宣传出去。

5.4.4　促进购买成交

经过了一些营销活动，客户终于进入购买阶段，并且下单了。

这时候很多人就欢天喜地以为自己的营销结束了。但其实客户初次购买其实只是一个开始，因为营销漏斗后面还有两步——留存和拥护。

在购买阶段，客户虽然初次下单了，但很可能是抱着随便试试的心态，没有抱太大的期望，或者考虑了很久才下定决心下单，还不是那么坚定，这时候有两个步骤要提醒大家。

第一个是简化流程。如果你想顺利收钱，那就要让付款这件事情变得无比简单。

比如设置多种收款方式，包括微信转账、支付宝转账、小商店下单、小程序下单等。如果你的收款方式单一，步骤很复杂，很可能客户会因为支付渠道不方便而放弃成交。

第二个是签订合约。签订合约的一个目的是创造仪式感，另一个目的是界定服务的边界。

这个对于知识付费或咨询类的产品来说非常关键。我曾遇到一个做知识付费的老师，跟我说有客户觉得她的咨询没有效果，要找她退费，问我遇到客户这种情况该怎么办。坦白说，我从来没有遇到过客户说我的咨询效果不好而要退费的情况。

我做教练或咨询服务之前是一定要先让客户签署一份协议的，签订协议是一件正式的事情，可以让客户重视我的咨询服务，建立这种仪式感也能提高客户的服务体验感受，让他觉得跟我咨询不是随便打个电话的事情，而是需要在咨询前签好协议，然后期待几天，我们才会开始这一个小时的咨询。

在协议里面，我会写清楚我的服务可以做什么、不做什么，并且我会让客户在填写协议的时候就想清楚，他想通过一个小时的咨询收获到什么，如何衡量他是有收获的。这些是你在做咨询之前要替客户考虑到，并且在咨询的一开始就要去和客户核对的。

5.5

营销漏斗之留存阶段

客户成交和购买了产品，其实只是一个开始。你需要有产品矩阵，需要让客户留存下来，转化到后端的产品上去。

做知识付费，绝对不是说学员跟你进行一对一咨询或者上一个小课就能有很大的收获和转变，因为学习是一个需要行动和积累的过程，在行动之后遇到问题时能够及时得到答疑解惑才是关键。

因此，知识IP如果想让学员出成果，肯定不能只做一次咨询和提供录播的课程，而是要带学员实操，那么就是要有自己的私教产品。所以对于首次下单成交的客户，你应该去筛选其中合适的、同频的客户，把他们转化到信任产品或者利润产品上。

那在留存阶段，要如何留存客户，让客户能够复购或者去买其他的产品呢？

5.5.1 超值交付

提高你的服务体验，让客户觉得超值，超乎他们的期待。如果可以的话，你还可以给他们创造可视化成果。

很多人迟迟不敢去收费，就是觉得自己能力不够。但如果你的能力只有6分，那么你可以把它教给1～5分的人。你拥有的6分的能力和知识，是足够教1～5分的人的。并且你教他们的效果可能比一个能力10分的人教他们的效果更好。

为什么呢？因为你是刚刚经历过1～5分那个阶段的人，所以你对自己踩过的坑，以及你是如何爬出这个坑的经历还记忆犹新，你跟 1 ～ 5 分的人更容易产生共鸣，你更懂他们的需求。

比如我现在已经在新西兰生活很多年了，差不多快忘记了当时自己刚到新西兰的经历和感受到的文化差异了，因为我已经习惯了。但是那些刚刚到新西兰生活 1 年左右的人，他们就对自己刚出国时遇到的困难和问题还记忆犹新，他们的经历和经验就会对刚出国的人更加有帮助，也更懂得刚出国的朋友们需要什么支持。

每个人都是有资源的，都是有价值的，关键在于找到适合自己的目标客户。如果你实在是对自己的能力不自信，在第一单成交时会有些内心的忐忑不安，这也是很正常的。

那怎么办呢？就是提高你能给予客户的服务体验。为什么海底捞那么出名？因为它的火锅天下最好吃吗？当然不是，它出名就是因为它有一流的服务，让客户体验到了价值感。你在做自己的产品也是一样，服务是非常重要的，如果你还没有能力让你的产品质量或内容更胜一筹，那么就努力在服务体验上给客户最好的价值感。

再举个例子，比如你的一对一咨询，你是否可以加上跟踪服务？客户付给你半小时的体验费，你是不是可以给他交付一小时超出价格的服务？给予客户超出付出费用的价值，能让他觉得几百块的咨询费用花得很值。

5.5.2 收集好评

前面在考虑阶段的时候讲到了要通过晒客户好评来获取新客户的信任，打消其成交前的顾虑。那么在第一批客户下单成交之后，我们就要有意识地去收集客户的好评，这些好评能够帮我们用来做二次宣传，吸引下一批客户。

很多人开始做咨询或做个人品牌的时候都会忽略这一点。在最开始的时候，我们做咨询和服务有两个目的，一个是用产品验证市场和客户的需求痛点，另一个是收集好评，用于二次宣传。

我们的定位明确了，产品做出来了，也宣传出去了，那么是不是有人埋单？在咨询交付的过程中客户带来的问题是不是我们设想的痛点问题？客户还有什么需求是我们的产品没有考虑到的？这些都需要我们先去测试和验证市场，然后再回过头来调整自己的定位和产品。

在个人品牌打造地图上，最后一步交付的时候我们要收集客户的反馈，根据反馈来迭代自己的定位和产品，这才是一个完整的闭环。除此之外，如果这个客户是目标客户，还可以定期去回访一下，和客户保持联系。

5.5.3 产品矩阵

我们每个人都应该要有的 3 款产品就是流量产品、信任产品和利润产品。哪怕现在的主打产品就是一对一咨询，我们也需要设计出一个有流量产品、信任产品和利润产品的产品矩阵。

比如我们现在的产品只有一对一咨询，那么一对一咨询可以是我们的信任产品，而我们可以把 10 次一对一咨询打包成为一个项目，变成利润产品。在做一对一咨询之前，我们的客户肯定得先通过自媒体或其他的渠道来找到我们，再跟我们产生信任关系，最后才会付费，找我们做一对一咨询。因此我们还需要有一个公开课或者资料包等作为前端的流量产品，吸引客户来找我们，同时让他对我们有所了解和信任。

我们可以思考一下，如果客户下单的是一对一的咨询，那么咨询完成之后是不是要有课程可以让客户学习，或者是提供跟踪服务和答疑服务？如果客户下单的是课程，那是不是还可以有一对一的陪跑服务，可以让客户学完课程以后继续找我们？这就是我们前面讲到的一定要有产品矩阵，如果我们只有单一的产品，就留不住客户。

再举一个例子，我有一个学员说她擅长写朋友圈文案，但是不知道如何打造个人品牌，实现可持续的商业闭环。于是我就写朋友圈文案这件事情帮她设计了完整的产品矩阵。

流量产品可以是关于朋友圈运营的三节小课，去吸引所有对朋友圈文案感兴趣的人。信任产品可以是一对一的朋友圈诊断咨询，去服务那些之前写过朋友圈，但转化效果不好的人。利润产品可以是一个月或者三个月的朋友圈打造陪跑项目，目标客户就是完全不会写朋友圈的小白，或者想要短期内快速提升朋友圈店铺装修的学员。

大家要意识到，只要我们有一个专长，我们就可以利用这个专长来为自己打造一个完整的产品矩阵，满足不同客户的需求，同时可以留住客户。

如果我们千辛万苦引流来的客户成交一次之后就跟我们再无瓜葛，那么我们就要一直持续不断地获取新客户才行，这会非常累。所以我们必须要学会留存客户。

5.6
营销漏斗之拥护阶段

营销漏斗的最后一个阶段是拥护阶段。光留存客户是不够的，如果我们想要构建一个完整的商业闭环，希望可以利用好每一个客户带来的资源和价值，那么就要让客户帮我们转介绍客户，要把我们的老客户变成我们的销售员或者未来的合作伙伴。

如果想要快速把个人品牌做好，提升自己的影响力，我们需要学会借势。除了借助大咖的影响力和流量，我们还可以借势自己客户的影响力和流量。

如果我们前面的每一步都走得很扎实，产品服务的质量和体验很好，交付流程很专业、完善，那么我们的客户就很可能变成我们的铁杆粉丝，会乐于去宣传和帮助我们做营销，给我们带来新的客户。而我们只需要积累1000个铁杆粉丝，就能把个人品牌做起来。

想要把留存的客户转化到拥护阶段，我们需要去做4件事情。

5.6.1　分享获礼

比如，老客户给我们带来一个新客户，我们再送他一次一对一咨询，或者邀请他加入我们的社群，免费听课程等，或者他如果带朋友一起学习我们的课程，可以给他打折。总之，就是鼓励我们的老客户去推荐我们的产品，分享我们的产品，鼓励他们去做我们的口碑推荐人。

但我们会发现，客户最终愿不愿意推荐和拥护我们，其实根本还是在于他对于我们的产品或服务的体验和评价。每个人都乐于去分享自己的高光时刻，如果我们的产品和服务能够给客户创造高光时刻，就会让客户自发去分享。

5.6.2　合作共赢

除了帮我们去推荐产品、介绍新客户以外，如果客户本身也有很多资源，其实可以考虑合作。合作就有很多种方式了，比如合作去做一个产品，或者让客户直接变成合伙人，和我们一起去打磨产品。

比如我现在的自由人生合伙人，我就是抱着培养合伙人的心态去教大家做个人品牌，我会去挖掘每一个合伙人的潜力和优势，给他们引流推荐，而且会让他们参与到我的课程运营当中。一方面，他们可以从实操中学习，另一方面，因为我们已经是彼此很信任的人了，我也可以完全放心让他们放手去做。这样做比找一个陌生人合作要省去很多信任成本，也会更快地建立起深度连接。

如果个人品牌做起来了，客户渐渐多起来以后，我们会发现一个人的力量是不够的。我们需要搭建自己的团队，或者起码要有一个助理可以帮你处理一些事情。团队的人员从哪里找呢？最好的方式就是从自己的学员里面寻找。

把客户当成未来的合作伙伴，那么我们就会从单一的产品交付转换到挖掘对方的潜力，这种转换会让我们看到别人的潜力和未来潜在的合作机会，而不仅仅着眼于眼前的利益。同样，我们要学会展示自己的能力，这样别人才能看到我们的潜力以及未来和我们合作的机会。

5.6.3 持续输出

如果我们希望客户可以拥护我们，一直支持我们，那么我们就必须能够持续输出价值。很多时候人们喜欢一个人，不是因为他完美，而是因为他努力。

所以我们需要在自己还不够完美的时候，就去记录和输出自己的努力过程。有些人不敢行动，不敢营销自己，是因为觉得自己不够好，总觉得要默默努力，等准备好了再一鸣惊人，或者要等完全准备好了再去开始行动。

但其实我们会发现，当我们能够见证一个人从0到1去成长的时候，我们看到了他如何努力、如何跌倒、如何爬起来继续奔跑，这个过程才是最激动人心的。就像一场奥运比赛，最精彩的时刻永远是比赛中激烈的过程，看到选手们拼命地挑战极限，而不仅仅是拿到奖牌。因为我们见证了他们的努力，才会从他们的经历中得到鼓舞和力量。

我们每个人都是普通人，打造个人品牌不是神化自己、美化自己，而是为了让自己通过打造个人品牌变得更好，更有竞争力，更能够给别人带来价值。

做个人品牌需要不断地输出，让自己成为一个不断进步成长的人。我们在输出的过程中，需要思考什么样的内容是对别人有价值的。虽然我们很普通，也很渺小，但是我们总能影响到周围的一小部分人，甚至可能产生蝴蝶效应，所以不要小看了自己。

如果我们能够在自己成长的同时，去输出和分享有价值的内容，把我们成长的收获、学到的知识、对生活的积极态度分享给别人，那么我们就是在为别人创造价值。哪怕我们只是坚持发朋友圈，在社群输出，写文章，拍视频，也都可以。打造个人品牌，就是要不断地去展示自己，输出自己的价值观、内容等，让自己影响到他人。

一个只关注自己的人是做不好个人品牌的。做个人品牌就是要在自己成长的同时能够带领别人一起成长。

5.6.4　无我利他

虽然我们前面讲了一些营销技巧、方法和商业思维等，但是想要可持续地发展个人品牌，就要回到"无我利他，忘记成交"上。打造个人品牌，并不是我们自己要成为超级个体，并不是去宣传自己多么厉害，而是要成就别人，从利他的角度出发，不忘自己打造个人品牌的初心，才能走得长远。

最高段位的套路，其实就是没有套路。人和人之间是有磁场的，所以我们给出去多少，就会收获多少。我们种下善良利他的种子，最后就会收获别人给予的肯定和支持的果实。而如果我们做一件事情，从一开始就渴望去换取别人的认可和支持，那么我们做这件事情的初心就是为了得到荣誉感和成就感，而不是去帮助别人。

做一件事情，先把目标放在自己的行动上，而不是别人的评价和反馈。因为我们一旦把目标放在别人的评价和反馈上，我们做这件事情的目的就变成了索取——索取别人的好评，索取别人的关注，索取别人的正反馈和鼓励。当我们做一件事情的时候，把目光放在别人身上，我们其实就已经开始去索取了。

做个人品牌，前面讲的定位、产品、流量、营销都是基础技能，技能是一定要学的，因为这是做一件事情的方法，是行动的基础。但能不能走得长远，看的是心法，我们的愿景和价值观决定了我们在个人品牌上能够走多远。

个人品牌做得好的人，他最好的案例不是自己，而是他的学员。我们能够成就多少人，就是我们个人品牌的价值。

我做个人品牌的课程，不是为了教大家去单纯地做个人品牌，我的初心是帮助和我一样在某个专业领域有所擅长的人能够勇敢地展示自己，有正确的渠道去展示自己的知识和技能，从而让更多人知道和认识他们，让他们可以用自己的知识和技能帮助到更多人。

第 6 章

⠖ SIX

个人品牌：交付

6.1
咨询产品交付流程

做个人品牌，无论在哪个行业，针对什么目标用户，最开始的时候都需要从一对一咨询开始。首先，一对一咨询是最快、交付最简单的主打产品，只要我们在某个行业有一定的积累，就可以通过咨询给别人提供解决方案，从而帮助到他人。

其次，大量的一对一咨询有助于我们了解目标用户真正的需求。通过和不同的人沟通，为他们提供解决方案，我们可以积累到不同的客户案例，这样有利于我们去开发之后的产品。

最后，一对一的咨询是我们做课程产品和私教服务的基础，沟通能力是打造个人品牌的核心能力之一，做个人品牌的过程会涉及和不同的人进行大量沟通，因此成为一个咨询师是打造个人品牌的第一步。

6.1.1 咨询师必备的6个能力

第一，亲和力。我们在一场对话的开头就要能立刻创造出一个信任、安全的空间，让对方感受到亲和，愿意敞开心扉。

如何进行一场破冰的对话？如何能够迅速进入谈话的状态？如何能够让对方感受到安全和亲和？这一定是经过大量和不同类型客户的谈话之后慢慢积累出来的能力。技巧很简单，就是直接提问。

比如问问对方是如何找到我们的，现在在什么地方，天气怎么样，做什么工作……先让对方去介绍一下自己的基本情况，然后做出一些回应。每个人都很乐于谈论自己，所以先让客户简单说说自己的家庭、工作等比较容易回答的问题，是建立亲和力最简单的方法。

建立亲和力是我们正式开始会谈之前必须做的事情，因为如果客户没有完全信任我们并敞开心扉，就会在咨询过程中有防备的心态，对自己的情况有所隐瞒，对咨询师的建议也会很难接纳。

第二，提炼关键信息的能力。我们会发现，当客户对我们敞开心扉的时候，有时候会一下子说很多话，如果客户是一个天马行空的人，可能会说很多不相关的内容。所以能否从客户说的内容里面提取最关键的信息，就是我们的对话能不能顺着客户的目标走下去的关键点。

那么，我们要提炼关键信息，就要先知道什么是关键信息。因此，我们在正式对话的第一步就要让客户说清楚他今天来的目的是什么，他想通过这场咨询收获到什么。简单来说，就是管理好客户的预期目标。这一点非常重要，因为如果客户不清楚这次咨询的目标到底是什么，那么他就无法在会谈结束后判断这次咨询给他带来的价值。

我们确定了客户的目标，在后面的对话中才能够在客户的思路天马行空的时候，及时把客户拽回来，回到咨询的目标上，而不是让话题被带跑。

第三个，提问的能力。即便是做咨询，也切记不要给客户灌输我们的思想和价值观，切勿好为人师。除非客户直接让我们给建议，否则不要轻易地去向客户提出我们的主观想法和建议。

在做咨询的前半场，需要先大量提问，通过提问让客户多表达，这个过程中要先去了解客户的信念和价值观，去从客户的语言中体会他的障碍到底在哪里，问题背后的意图是什么。然后针对问题本身给予客观的解决方案。

比如，如果客户不知道如何快速剪辑视频，那我们就只用告诉他剪辑视频的方法技巧，而不是灌输给他我们觉得"拍视频都要露脸，视频里不露脸的人都不自信"这种个人价值观。

一个专业的咨询师给出的是解决方案，而不是个人价值观，否则如果客户的价值观和我们不一致，很容易引起客户的防御心理，同时因为我们是咨询师和导师的角色，我们的个人价值观很容易误导客户，或者让客户产生自我怀疑。因此，我们做咨询需要利用好提问的技巧，先多让客户去表达，而不是满足自己的表达欲。

第四个，共情和倾听的能力。每个人都需要被倾听和理解，尤其是我们的客户。所以在客户表达的过程中，一定要仔细倾听，给予积极的回应，能够与客户共情，表达我们真诚的鼓励和支持。一个技巧就是重复客户的语言。

比如客户说："我现在心里堵得慌，就好像被堵住的水龙头。"那我们就应该用客户所描述的"水龙头"来回应客户，我们可以问："这个水龙头是什么样子？"而不是转移话题去问："那你的障碍到底是什么呢？"这样就把客户说的"水龙头"变成了我们自己的语言"障碍"，就会让客户感受不到我们的共情和倾听。

第五个，提供解决方案的能力。咨询师一定要真正在某个专业领域有积累和经验，才能够给客户提供解决方案。咨询师能给到的方案有多专业和完善，就直接展示出了咨询师本身的专业技能水平。

第六个，促进客户成长的能力。通常来讲，在一场咨询中我们能够给予客户的是客观的解决方案，但最终方案是否能够帮助到客户，需要客户本身的行动和实践。在做了大量的教练和咨询之后，我发现很多人并不是不知道怎么做，而是没有信心去做。

所以，一场好的咨询应该能够给予客户信心，促进客户成长，让他们能够在咨询结束后非常清楚自己后续的行动计划，并且有信心去执行计划，直到达成目标。我们要在咨询的过程中，激发客户的潜力和能量，让他们不仅收获解决问题的方案，还能收获信心和力量。

6.1.2　咨询交付的7个步骤

1. 协议签订以及收集问卷信息

协议和咨询前的问卷收集非常重要，也是我们管理客户预期的一种方法。

通过协议，我们可以在正式咨询前让客户知道我们可以提供什么，不能提供什么。

通过问卷调查，我们可以提前了解客户的背景情况和需求，做出一个预判。除此之外，在协议里，我们还需要让客户提前了解咨询预约的规则和要求，避免被放鸽子或者不守时的情况。比如在协议里要求客户：

（1）提前下载飞书 App，我们的咨询将通过飞书视频会议功能进行；

（2）建议提前准备好纸、笔，记录沟通要点及行动计划（可录音）；

（3）请提前 10 分钟做好准备，找个安静及网络好的环境，正常通话时间为 1 小时，如果环境过于嘈杂或者迟到超过 15 分钟，这次咨询申请将会被取消，另行预约下次咨询时间；

（4）如需取消咨询，请至少提前 3 小时告知，否则按正常咨询收费。

在问卷里一定要有两个问题："你想通过这次咨询实现什么目标？""你如何衡量你实现了以上目标？"。这两个问题是让客户提前设定自己的预期目标，同时也帮助我们更好地管理客户的预期目标。在正式开始咨询的时候，我们需要再次去跟客户核对，问卷上写的是不是他们想通过这次咨询实现的目标。管理客户的预期目标非常重要，它决定了咨询是否成功，以及我们是否能获得客户的好评。

如果客户不清楚自己咨询的目标，那么无论我们多么专业，服务多么好，客户也没有办法去衡量这次咨询服务，可能到最后他发现花了一个小时，我们确实给他解决了一些问题，但是这些问题都不是他最想解决的问题，那么他肯定不满意，我们的力气就用错了地方。

对于新手咨询师，在咨询前让客户填写问卷可以帮助我们提前了解客户情况，做好预案。我们可以提前根据客户的情况写下一些让他好奇的问题，并且根据客户的情况找到谈话的切入点。比如我们可能会发现我们跟客户是老乡，我们之前都在外企工作，我们学的专业或者从事的行业很相似等。如果我们能在正式开始会谈前了解到这些资料，就有了一些抓手，在会谈开始前先用聊天的方式让客户放下戒备，建立亲和的、信任的场域。

现在有很多问卷工具，可以在问卷的开头放上协议的内容，然后在问卷中加一个问题"以上协议是否阅读并且同意？"，这样就可以把协议和问卷都做成一份文件发给客户，客户既可以看到协议内容，也可以直接填写问卷资料。

2. 筛选客户

咨询师有选择客户的权利，要懂得筛选和拒绝不合适的客户。我们可以拒绝服务以下几种客户。

第一种是我们暂时没有能力服务的客户。对于咨询师来说，我们要诚实地面对自己的能力和水平，不懂就是不懂，一定不能不懂装懂。这样只会让客户觉得我们不够专业。如果客户提出的问题超出了我们的能力范围，我们可以诚实地说明自己对这方面不是很了解，可以将客户推荐给其他咨询师。

勇于拒绝自己暂时没有能力服务的客户，这其实是对自己能力的认可。我们知道自己不能做什么，也就说明我们十分清楚地知道自己能做什么。咨询师必须对自己的能力范围有清晰的认知，这样才能给客户最好的解决方案。

第二种是需求和我们的定位不匹配的客户。做个人品牌，定位要精准，要先在一个垂直领域做到最好。如果我们今天做亲子关系咨询，明天做职业咨询，后天又做心理咨询，看似什么问题都可以解决，但实际上别人会觉得我们没有一个领域非常专业。客户遇到亲子问题的时候，会更愿意找一个专门做亲子方向的咨询师，找有几百个亲子问题案例的咨询师，而不会找一个没有明确定位的咨询师。

如果我们的定位很明确，在前期需要做的就是在一个定位里积累经验，那么就应该拒绝需求和我们的定位不匹配的客户。否则我们就会变成一个什么都做，但什么都不精的人。

做个人品牌，并不是标签越多越好，尤其是不同领域的标签，反而会让客户觉得我们不够专注和专业。除非我们真的在这些领域都做出了非常精彩的成绩，否则，如果只是去参加几次培训，拿几个证书，对客户来说是没有说服力的。

真实客户的案例积累和实操经验才是我们提高和显示专业水平的唯一途径。在我们真正去给客户服务的时候，我们一开口，对方就能感知到我们的水平，我们其实欺骗不了别人。写那么多没有实操经验的标签，其实是在欺骗自己，干扰客户对我们定位的判断。

第三种是不认可的客户。有的客户下单前可能会问很多问题，似乎对我们不是很信任，需要我们做出很多解释说明。对这样的客户，尽量拒绝服务。信任一定是成交的基础。客户如果不信任我们，就会把目光一直放在找我们的破绽和错处上，根本看不到我们的优势，也不会信任我们给出的解决方案。

第四种是无边界感、负能量的客户。比如有的客户一直处在负能量中，总是抱怨，觉得都是别人的错，看问题只看到表象，固执又肤浅。这种客户我们再怎么努力地交付，服务完以后他们还是会不满意，因此我们可以直接拒绝服务。

做咨询，是为了帮助努力上进的人变得更好，不是为了拯救别人的人生。如果我们抱着拯救别人的心理去做咨询，那么我们其实是在消耗自己，也无法让客户成长。

那我们如何拒绝别人呢？对很多人来说，拒绝都不是一件容易的事情。这里给大家一个参考话术：

"很抱歉，详细阅读了您的调查问卷，发现您的核心需求是×××，目前并不在我的业务范围内，所以我可能帮不到您，我可以推荐其他相关领域的咨询师给您。建议我们取消这次咨询预约，如果以后您有×××方面的需求，可以再来找我。"

拒绝的原因可以是业务需求不符合这种客观因素，不要去说人的问题，这样客户会更容易接受。同时，你也可以推荐更合适他的其他咨询师，这样不仅帮客户找到了合适的咨询师，也帮其他咨询师推荐了客户，何乐而不为？

3. 预设方案

对于很多新手咨询师来说，在第一步收集问卷之后，可以利用以下步骤来做好咨询预案。

第一步，判断用户需求。根据问卷的情况，判断客户这次咨询最想实现的目标和需求是什么，只有这样我们才能够在咨询过程中去解决最核心的问题。

第二步，预设解决方案。新手咨询师可以根据客户的情况预设一下解决问题的方案，以免正式开始咨询的时候措手不及。其实，做咨询的乐趣就是每一次对话就像是拆盲盒，我们不知道客户到底是个什么样的人，客户的问题和障碍到底是什么。而我们提供的本来就是个性化或者定制化的服务，所以根本就没有可以一直拿来套用的方案模板。

那我们为什么还要预设解决方案呢？这一步是让新手教练咨询师可以安心一点，不用那么紧张。当积累的客户案例多了以后，有经验的咨询师只需要扫一眼问卷，就能在心里准备预设方案了。

第三步，准备有启发性的问题。一些新手咨询师的服务通常是由客户问问题，咨询师回答。这样的咨询也许能够解决客户的问题，但通常解决的问题浮于表面，客户听完你的解决方案，确实知道了方法，但是咨询结束后可能并不会行动，或者不知道怎么行动。

所以，一个资深的咨询师在给解决方案之前，会提很多问题，更细致地了解客户遇到的障碍。尤其是提出有启发性的问题，引发客户对自己的觉察和思考，并且能够在咨询提问的过程中挖掘出客户真正的信念与价值观，从而找到客户表面问题背后的深层次问题，这就是运用了提问的技术。

第四步，寻找共性话题。通过客户的问卷可以去了解客户的基本情况，去寻找和客户的共同点，从而找到共性话题，作为我们开启咨询的切入口。

4. 开始正式咨询

在正式的咨询服务中，我们需要注意以下四点。

第一，会谈提醒。提前一天提醒 1 次，开始咨询前 10 分钟给客户发送会议链接。这样客户如果忘记下载会议 App，还有时间可以下载，或者如果客户还在忙别的事情，可以停下来去一个安静的环境中提前为咨询做好准备。

第二，信任开场。开场白很关键，可以先跟客户简单介绍一下我们自己，然后询问客户的情况。比如说："你好，看了我们的资料后，我一直在期待今天这次通话，朋友们都叫我霖子，我也是湖北人，没想到遇到了老乡。你喜欢我怎么称呼我们呢？"在正式进入咨询前，一定要先建立亲和的场域，让客户可以先放下对陌生人的戒备，对你敞开心扉。

第三，打预防针。我们在问敏感问题的时候，可以给客户打预防针，比如说："下面我想问你一个问题，可能会比较敏感或者让你不舒服，如果冒犯到你，你可以告诉我，好吗？"还可以在咨询前先问客户："你喜欢哪一种咨询风格？你希望我直接一点，还是温和一点？"90% 的客户会说"直接一点吧"，但是我们还是要问，就是让客户知道可能咨询过程中有些话会很直接、很扎心。如果客户有了这个心理预期，就不会觉得我们太强势，太自以为是。

如果没有打预防针，客户可能就接受不了我们很直白的反馈或者建议。

第四，控制时间。刚开始做咨询的时候，很多人都会遇到一个问题，就是超时。咨询服务是按时间收费的，一定要建立客户的时间观念。那我们如何控制时间呢？可以在咨询的开始就问对方："今天1个小时的通话，你最想收获的是什么？"在咨询进行到中途的时候，可以提醒客户："我们还有半个小时的时间，你希望我们如何利用剩下的时间？"然后在还剩10分钟的时候可以让客户自己总结当天的对话内容，并且做出下一步行动的计划。

5. 可视化成果

如果想收到客户的好评反馈，我们一定要想方设法让客户的咨询收获从一种感受变成一种可视化的成果，比如表格、图片、文字报告等。

比如，可以在结束之后让客户自己写下收获总结和行动计划并发给我们，这个也可以当作我们收集的反馈和好评，也可以结束后为客户准备一份报告、方案的思维导图或者咨询的录音、录像等。

6. 好评宣传

交付产品之后最重要的一步就是收集客户的反馈，因为老客户的好评就是我们吸引下一个客户的基础。同时，老客户的建议也是我们迭代升级产品的参照。

很多人都知道"先完成再完美"，我们只有先完成了，才能够通过不断迭代更新，让产品慢慢接近完美。

想要自己闷声憋大招，一下子做一个产品出来一鸣惊人，是不太可能的事情。为了能够让产品满足客户的需求，我们首先需要测试和验证最小可行性的主打产品，收集客户的反馈，才能知道产品是否有市场需求，还有哪些需要改进的地方。

第一批种子客户是非常关键的，因为他们给了我们打通个人品牌地图的机会。个人品牌打造的最后一步是交付。当我们接到了订单，能够把产品和服务交付完毕，并且拿到客户的好评反馈和推荐，这才是走完了个人品牌的一个流程闭环，才说明我们正式开启了自己的个人品牌之路。

做个人品牌，绝不是简单的卖产品，而是要让客户因为和我们相处。客户体验了我们的产品或服务而有收获，并且和我们建立了信任，才愿意跟随我们、关注我们、支持我们，甚至推荐我们给其他人。

只有当我们把产品或服务交付完毕，并且收获了客户的好评，才证明我们的定位、产品服务以及交付流程是可行的，否则我们就要回到定位和产品上进行调整。

有的新手咨询师对于自己的服务不是很有信心，所以不太好意思去找客户要好评和反馈。其实越是刚刚开始做咨询师，越是应该收集客户的反馈。如果是不好的反馈，那你就知道自己哪些地方可以改进，避免自己再犯同样的错误。如果是好的反馈，也会给自己更多的信心继续前进，并且可以积累好评用于未来的宣传。所以，收集客户的反馈非常重要。

好评的收集是至关重要的，因为有了好评我们就有了客户证言。老客户的证言会比我们自夸的效果好很多，并且老客户的好评可以用到我们未来的产品宣传里。

这里教大家收集客户好评的三种方法。

第一，最简单的方法就是在交付完产品或服务之后，直接在微信上发几个问题给对方，让对方可以及时回复我们。在问题里，我们可以引导对方去写他的三个最大的收获以及下一步的行动计划。

客户刚刚体验完产品或服务并且有收获的时候，是他们最兴奋、最开心的时候，我们要及时抓住客户的"嗨点"去寻求好评反馈。如果在结束产品服务很久之后再回头找他们要反馈好评，就会很困难。

第二，可以让客户去平台上留言好评，这样更容易长期保存和查找。比如微店、淘宝店，我们自己的网站或者一些其他的平台都可以。平台可以积累订单量和沉淀客户评价，这样未来的潜在客户在查看商品详情的时候，看到之前老客户的好评，就会更容易成交下单。

有些咨询师会发现，咨询结束之后，请求客户去写评价，结果对方说"我晚一点来写"，最后不了了之。如果是咨询服务，我们可以在咨询快结束的时候就问对方是否有收获，是否愿意写一下反馈和评价，得到对方的口头承诺之后，挂了电话我们再把评价撰写的入口发给对方，这样对方就会把这件事情放在心上，因为每个人都会更倾向于对自己承诺过的事情负责。

第三，可以让客户在他们的自媒体平台或者私域里发布收获和好评。

有的客户自己也在打造个人品牌，那么通常都会有自己的自媒体或者社群，如果他对我们的产品服务很满意，一般也会愿意分享他的收获和成长，帮我们进行宣传。这时候，我们可以主动提出合作引流的方案，比如客户在自己的私域里推荐我们的产品，引流来的新客户成交后可以给他一个提成分佣，实现双赢。

低级的营销是卖产品，高级的营销是建立关系。

每一个客户其实都是我们未来可以合作的伙伴，因此，大家要用对待合作伙伴的态度去对待自己的客户，在服务结束后，可以继续探索与客户连接和合作的机会，尽可能地让每一个客户都能在我们的产品服务中有收获的同时，还能自愿成为我们产品或服务的销售员。

7. 回访转化

咨询后的 3 个月内可以对客户进行回访，询问上次咨询成果是否付诸行动，是否还有我们可以帮忙的地方等，同时也可以跟客户更新我们的近况，介绍我们的新产品，即使客户暂时不需要，但是起码他知道了我们的近况，未来有需要的时候也会想到我们。

相比于我们去从 0 开始吸引新客户，其实老客户的转化会更容易，因为老客户已经和我们建立了信任基础。

以上就是我们咨询流程里的 7 个步骤。成为一个专业的咨询师并不是一件简单的事情，我们需要把每一件小事做到极致，每一个细节都尽量考虑到，如此一来，才能让客户感受到专业。

6.2 社群产品交付流程

社群营销已经不是新鲜事，做个人品牌，一定要会做社群。当你的用户和粉丝积累到一定的数量，就需要建立自己的社群，把它作为一个流量池，储备自己的私域流量。社群本身也可以作为一个收费的产品，根据不同的功能，社群一般可以分为以下几种。

6.2.1 裂变营销社群

在私域营销上，除了发朋友圈以外，最有效果的就是社群营销。社群裂变营销的方法一般是钩子产品＋裂变入群＋快速交付＋成交转化。

首先，要有一个钩子产品，相当于流量产品，吸引客户入群。比如一门免费的公开课、三天社群密训、一份营销商业秘籍、一次一对一咨询机会等。入群后即可有机会获得这个钩子产品。其中，一门免费的公开课是最好的一种钩子产品，方便客户入群后立刻开始学习，并且可以更系统地介绍你的定位内容，也更方便产品快速、大量传播和批量交付。

钩子产品的目的是让客户对后端的信任产品或利润产品产生兴趣，能够在社群里进行成交转化。因此，钩子产品的内容需要和定位以及后端产品相匹配。

比如你的定位是少儿英语口语私教老师，利润产品是一年的口语私教服务，那么钩子产品就可以是一门免费的少儿英语口语公开课，内容要讲你的口语私教里最普遍的学员学英语遇到的问题案例和解决方法，既要有刷新客户认知的理论，也要有学会了就可以用上的技巧。展示出自己在少儿英语口语教学上的专业和特点，才能够让客户听完公开课之后对你的私教感兴趣。

在客户申请入群的时候，邀请客户转发社群宣传海报到朋友圈，才能免费入群。这样客户就会转发海报进行社群的裂变，从而让更多感兴趣的人来申请入群。如此不断裂变下去，就会有越来越多的新客户想要进群。这就是精准获取私域流量的方法之一。

裂变营销社群在客户入群前要提前用企业微信设置好群公告和入群自动回复。在客户入群后，自动回复里明确给客户下达指令，告知客户社群学习的内容、时间、福利等。最好是能够让客户在入群之后就可以开始学习，以免客户入群后立刻就关闭群消息通知，最后完全忘记了这个社群的存在。

引导客户学习之后在社群里进行学习复盘和打卡，可以再领取一份福利，比如一次一对一咨询服务，这样可以激起还没开始学习的客户的好奇心，在他们看到别人都学完了开始复盘、打卡、领福利的时候，自己也会想要抓紧开始学习。并且在客户学完公开课之后进行一对一咨询，可以在咨询的过程中进行精准的销售转化，进而促成成交。

在群里客户开始学习课程，复盘打卡，进行一对一咨询的同时，可以开始正式的成交转化了。先预告后端利润产品的发布，引起大家的兴趣和关注。然后可以联动做一次视频号直播和社群同步发售，加上一些营销技巧，比如前10位报名的客户额外获赠一个福利等，再一次刺激成交。

裂变营销社群的目的在于裂变和营销，所以当吸引了一定数量的人进群学习，就要立刻开始交付内容，刺激大家抓紧时间学习。通过一对一咨询深度建立信任和促成销售转化，最后通过一次产品发布刺激批量成交，实现销售目标。完成一个循环之后，可以根据情况开启第二次裂变，进行浪潮式裂变营销转化。

6.2.2 课程学习社群

为了能够保证线上课程的学习效果，大部分的课程都会搭配学习社群，以便学员提问和交流。

课程学习社群的服务期限一般和课程的期限是一致的，因此，社群也需要根据课程的学习进度设置服务内容。

以训练营的课程为例，在课程学习社群里，一般有以下内容的设置。

1. 开营仪式

正式开课之前，先有一个开营仪式，让学员之间进行简单的自我介绍，同时让学员了解训练营课程的日程安排、学习规划等，并且鼓励学员制定自己的学习目标。

2. 学习安排

制作一个详细清晰的课表，让学员了解如何安排学习进度，哪一天需要上课，哪一天需要完成作业等。

3. 每日打卡

每天需要发布群公告，提醒今日的学习任务和安排，及时让学员知道课程和社群的活动预告，可以设置一些社群活动来激发学员的参与积极性，比如每日话题讨论、每日复盘总结等。

4. 直播答疑

定期组织直播答疑，及时回答学员遇到的问题，让他们可以在行动、思考和反馈中吸收课堂上所学的内容，并且及时解决遇到的问题。直播答疑有利于拉近和学员之间的关系，增加信任度。

5. 成果展示

课程的最后，让学员展示自己的学习成果，可以设置不同的奖项，颁布给程度学员进行激励，将他们的学习收获可视化地表现出来，同时可以刺激他们转发朋友圈，邀请更多人来学习课程。

6. 结营仪式

训练营的课程需要有始有终，最后需要有一个结营仪式，总结学员的表现和收获，可以邀请优秀学员进行分享，同时这些优秀学员可以作为下一期训练营的助教参与到课程社群的服务中来，把学员转化成未来的合作伙伴。

课程学习社群的重点在于让线上学习的学员能够有更多交流的机会，同时方便通知课程消息，督促大家学习，营造一起学习、互帮互助的氛围。

6.2.3　圈子陪伴社群

常见的圈子陪伴社群有读书观影群、早起打卡群、健身群、学习陪跑群等，虽然形式和主题多种多样，但目的都是在线上营造一个志同道合的圈子，让大家可以互相陪伴，共同学习进步。因此，大多数单独用来收费的社群产品，都属于圈子陪伴社群。

圈子陪伴社群想要持续运转下去，并且让学员能够在社群里真正有所收获，就必须做到一点：去中心化。

不同于课程服务类的社群，圈子陪伴的作用不仅仅体现在群主的陪伴，更重要的是学员在这个圈子里能够认识一些志同道合的朋友，大家有共同的梦想或目标，能够互相陪伴，互相鼓励。所以，圈子陪伴社群需要激发每一个学员的分享能力，让大家都可以站出来展示自己的价值，从而起到互相激励的作用。学员收获到的陪伴和鼓励应该来自群里的朋友们，而不仅仅是群主。

除此之外，社群想要持续运营下去，如果仅仅靠群主的分享是很难的，而且会运营得非常累，学员的收获感也会相对较差，因为人们只会珍惜自己投入时间和精力的东西。

因此，圈子陪伴社群需要设计一些环节和活动，尽量让每一位学员都参与进来。比如在我的自由人生年度成长社群里，有 4 种活动是人人都可以参与和带领的。

- 每日赋能：当值一个月，每天在群里发布有价值的内容赋能其他学员。
- 每周共读：当值一个月，每周带领大家共读一本书。
- 每月共创：在当月组织一场线上的共创活动，带领大家一起学习和讨论某一个主题。
- 定期直播：申请与我直播连麦，分享自己的故事。

除此之外，还可以让学员轮流担任群主，组织社群内的活动，激发每一位学员的责任感。

6.3 课程产品交付流程

每个人都应该尝试去做出自己的一门课，因为在这个过程中，我们可以对某个领域的知识进行深度的梳理，有目标地搭建起自己的知识体系，并通过输出帮助到别人，然后通过不断的输出来倒逼输入，在定位领域进行知识积累，慢慢成为一个领域的专家，同时还可以通过课程把一份时间多次售卖，实现时间的复利。

6.3.1 做课程的意义

通过做一门课程，我们可以实现快速成长和知识积累。

一方面，做课程可以梳理自己的知识体系，提升专业能力。

我们花了十多年在校园里学习，工作之后又在社会上学习，还有业余自主的学习，在自己独特的个人经历中学习等。每个人走过的路、踩过的坑都是独特的，因此，有自己独特的知识体系、人生经验，可以分享出来。

我们需要先系统梳理自己的知识，才能去做一门课，那如何梳理自己的知识呢？其实梳理的过程是自我探索和回顾过去的过程，也就是在探寻过去的时间与精力到底花到哪里了。

当我们打算去做一门课时，实际上我们还是在学习，只不过是带着目标去学习。从一种盲目跟风的学习状态转换成一种带着明确目标，在一个知识领域中深耕的系统的学习状态，这样的学习状态对于我们专业上的成长也是帮助极大的。这就是费曼学习法的思路，即以教促学，把教会别人当成目标，倒逼自己主动学习。

另一方面，做课程这件事可以提升有效输出的能力。很多人懂得很多，但是就像水壶里煮饺子，倒不出来。我们只有把自己会的东西有效输出，才能够真正为别人创造价值，做好自己的个人品牌。

做课程的第一步是梳理自己的知识体系，搭建自己的知识框架，而第二步就是要能够有效输出，用大家都能听懂的方式把我们的知识体系输出出去，从而帮助到别人。

6.3.2　课程产品的分类

在线上知识付费领域做个人品牌，课程产品一般可以分为录播课、直播课、分享课、训练营。

录播课比较常见，老师把课程提前录好上传到平台上，学员购买后自己去听课就可以了，不需要互动，也没有答疑，属于纯自学的课程，不受时间、地点的限制。对于老师来讲，录播课是非常低成本、高效率的授课方式，但对于学员来讲，因为没有互动答疑，所以学习效果完全取决于学员个人的自觉性和理解能力。

直播课需要提前规划开课时间。在固定的时间开课，好处是可以和学员进行现场互动答疑，学员的体验感和收获感会更好，但坏处是时间不够灵活，一些学员可能无法按时参加，依然需要听回放。

分享课是相对而言比较随性的课程形式。比如直接在社群里进行图文或语音的分享来进行授课，或者直接用直播软件进行线上分享，形式更自由灵活，不需要准备复杂的 PPT 课件，对于学员来讲，互动感更好，但学习的体验感和效率可能会较差。分享课比较适合低价或免费的裂变引流课程。

训练营是高客单价课程常见的授课方式，它需要结合录播课、直播课、分享课等多种形式，用不同的授课方式来激发学员的学习能力和动力，带着学员跟着节奏一步步完成课程，老师需要投入的时间和精力会更多，而学员的体验感和收获感也会更大。

课程的定价和课程的形式是相关的，一般来说，客单价的设置是训练营 > 直播课 > 录播课 > 分享课。

6.3.3 课程产品的策划

策划一个线上的课程产品，可以从以下 5 个角度去设计。

1. 认知

通常来讲，课程内容的第一个部分就是认知，我们可以运用

"5W1H"的思路来介绍。比如，这门课适合谁来学习（Who）？这门课为什么这么重要（Why）？这门课的内容可以应用到哪些场景（Where）？上课的时间如何安排（When）？这门课里会讲哪些重要的内容和知识点（What）？如何能够更好地学习这门课（How）？

2. 方法

课程内容不能是纯理论的知识，需要教给学员方法，这样学员在听完课程之后可以直接运用起来。比如冥想的课程里，不能只讲冥想的理论和背景，而是要给予学员一些冥想的方法、技巧，让学员在下课之后可以自己练习。

3. 工具

光有方法是不够的，如果想要让学员在课程的学习过程中体验感更好，那么就需要直接给学员一些拿来就能用的工具。还是以冥想为例，可以直接给学员一些录好的冥想引导词音频、冥想音乐等。

4. 实操

任何知识想要能够运用到生活场景里，都需要大量的实操练习。因此在课程的设计里，最好可以带着学员一起完成实操练习。比如教练对话技术的课程，可以用线上直播课的方式直接带领大家做一场教练对话的演示，也可以让学员提交自己私下做的教练对话的录音，督导老师进行点评和反馈。

5. 案例

做个人品牌，在刚开始做咨询的时候就要注意积累客户的口碑和案例。那么在课程设计里也需要有案例，分析和展示老学员在课程里的收获，给新学员启发和帮助，这也有利于建立新学员的学习信心。如果是第一期课程，还没有老学员案例，也可以提供之前咨询的客户案例。做个人品牌，建议先做大量的咨询个案之后，总结大部分人共同的问题，再去做课程，这样课程才可以真正帮助到别人的，满足市场需求。

6.3.4　课程产品的交付

想要让学员真正从一门课程中有收获，不仅需要策划好课程的内容和知识体系，还需要设计不同形式的交付方案，提高学员线上学习的积极性和参与度。

我们从教、学、练、测4个方面来详细讲解课程产品的交付方案。

第一，要想清楚课程"教"的方式。通常来讲，有图文、直播、视频、音频的授课方式。

图文方式适合社群分享类的教学，比较简单的内容和社群圈子类的产品可以用图文的形式交付知识内容。在训练营里，图文分享通常用于加餐课，或者邀请学员进群分享，比较容易交付，不受时间限制，大家在社群里可以查询到之前发的内容。这种方式有利于提升社群的活跃度。

直播是效果最好的一种线上教学方式，因为学员和老师之间可以进行互动，学员有问题也可以得到及时的解答，课堂的氛围更好，学员的参与度会更高，学员与老师之间更容易建立信任。因此，直播课程的交付过程中要利用好直播的优势，多和学员进行互动。

视频或音频课可以提前录制好，方便学员随时随地根据自己的进度听课。

第二，还要考虑到学员"学"的方式。仅仅考虑到用什么形式去教学员是不够的，我们还需要站在学员的角度上去思考，什么样的学习方式能够提高学习效果，让学习的过程更有趣。

社群是现在比较常见的陪跑学习方式，把所有的学员邀请进群，然后在群里提醒上课、进行答疑、做一些分享等。这样可以让老师实现一对多的交付，而不需要通过私信去回答每个学员的不同问题。

如果学员的人数较多，社群的信息太多，重要消息可能会被忽略，老师很难通过一个社群照顾到每一位学员，那么就可以用带教的方式来督促学员学习。比如，邀请几位助教老师，每一位助教带教几位学员，相当于把一个大班拆分成几个小班，让每一个学员都能够被照顾到。

单向地吸收课程知识，学习效果是比较有限的。因此还可以设置讨论活动，学员之间可以分享和讨论学习的心得体会，通过交流促进知识的吸收和理解，增加学习的收获感。

除此之外，也可以设置固定的答疑环节，比如每周一次线上答疑，集中处理大家学习过程中遇到的问题，这样可以激发大家在平时的学习中思考和积累自己的问题。

第三，带着学员进行练习实操。光学不练，学习的效果肯定不好。因此在课程交付中还需要有练习的环节，帮助学员把课堂上学到的内容运用到自己的实际生活中，比如设置打卡的作业，听完课程之后需要完成一次思考复盘，或者设计一个小的任务。

第四，在课程结束的时候，应设有检测环节来验证学员的学习结果，比如可以设计考试与测验，或者现场的演练、学习成果的展示等。具体形式就需要根据课程的内容来设定了。比如在我的教练班里，学员需要现场做一次教练来通过考试，展示自己的教练对话水平。

总而言之，在课程的交付上，需要让客户有"五感"：仪式感、参与感、归属感、收获感、惊喜感。

6.4 私教产品交付流程

单次的教练咨询服务，或者只听课学习，对一个人的帮助和改变是微乎其微的。就像健身一样，想要快速提升身体素质、减脂增肌或达成自己理想的身体状态，最有效的方式就是请一个健身教练，根据你的情况私人定制健身计划，并且手把手教你正确的锻炼技巧和方法。

因此，当我们在一个领域有了一定积累，有了一些成功经验可以分享和帮助到他人的时候，除了单次的一对一的咨询，还可以考虑做自己的私教产品，用更系统全面的服务帮助客户更高效地达成目标，少走弯路。

6.4.1 初级私教产品

最初级的私教产品就是多次咨询的打包。通常一次咨询是很难真正改变一个人的思维和行为习惯的，客户也很难在拿到解决方案之后就能立刻行动，达成目标。

因此，在一对一咨询的基础之上，可以打包多次咨询作为私教产品。比如单次一对一咨询是 500 元，时间为一个小时，10 次一对一咨询打包价是 3000 元。通过价格设置鼓励客户购买私教产品，以获得持续跟踪指导的服务，提升客户在实操过程中解决问题的效率。

在这种初级的私教产品中有两种情况。第一种是在一个特定领域为客户提供咨询服务，但是每一次咨询都是由客户主导，提出想解决的问题或目标。因此可能每一次咨询的方向和问题都不一样，我们需要根据客户的需求去提供服务。比如我们擅长营销策划，可能客户第一次来咨询的问题是如何策划一场线下活动，第二次咨询是想制定新品发售的营销方案，第三次可能是想咨询如何做自媒体等，每一次的问题可能都不一样。

这样的好处是比较灵活，作为咨询师，在自己专业范围内提供服务是一件比较容易的事情，因此通常也不需要提前做准备或者记录，根据客户的问题和需求进行咨询服务就好了。但是，这样也会导致一个问题，即在私教服务结束的时候，无法很好地衡量客户的收获，因为每次咨询都围绕一个单独的话题，之后并没有进行跟踪指导，无法确保客户能够在一次咨询后达成目标。

另一种是针对客户某一个特定的目标，确定一个私教咨询服务的主题。然后每一次咨询都围绕同一个主题展开，进行行动的督导和目标的追踪。比如客户的目标是让新产品上市后能够达到一定的销售额，那么就可以在第一次咨询的时候，先根据客户的情况制定清晰的时间节点和销售目标，后面的每一次咨询都是跟踪上一次咨询过后方案的落地实践情况，以及客户遇到的困难和问题等，再进行进一步的指导。这样就可以在多次私教咨询之后，对比和衡量客户当下与目标之间的差距，更容易帮助客户实现特定的目标，而客户也能够看见自己的进步和成果。

6.4.2　中级私教产品

如果我们的定位很明确，那么除了在一个专业领域做不同主题的一对一咨询之外，我们还可以在一个细分领域帮助客户实现特定的具体目标。

例如，如果我们是一名大学生求职教练，单次的咨询是给予求职面试的建议，私教产品就是从 0 到 1 帮助大学毕业生找到适合自己的工作并且顺利适应职场。第一次咨询分析个人背景和适合的职业方向，第二次咨询可以分析意向求职岗位，第三次咨询根据岗位定制修改简历，第四次咨询进行模拟面试，第五次咨询分析面试中的表现，第六次咨询进行入职后的工作、心态、人际关系等的梳理和准备等。

总而言之，就是把从 0 到 1 达成某个目标的过程拆分成多次咨询步骤，然后打包成一个私教产品。绝大多数的私教客户都是有同样的目标，按照一定步骤来进行咨询的，有标准化的流程来提供私教服务。

标准化是做好交付的前提。比如单次的一对一咨询会因为每个客户的问题不同而无法复制和标准化，因此在宣传和营销上就会比较吃力，因为对于 A 客户的问题，B 客户不一定感兴趣。而私教产品有了一个相对固定的目标和流程，我们就更容易去宣传，更容易跟踪客户的进度和衡量客户的成果。

因此，我们在设计产品的时候，要不断总结经验和共同的问题，最后整理出一个标准化的服务流程，让客户可以清晰地看到我们可以怎样帮助他从 0 到 1 实现目标。

6.4.3 高级私教产品

在一个领域里，大多数人从 0 到 1 实现同一个目标的过程中，会遇到的问题很多都是相同的。比如找工作这个目标，大多数人都会遇到如何提升简历通过率、如何通过面试等问题；对于做个人品牌实现知识转化这个目标，大多数人都会遇到不知道如何定位、如何找客户等问题。因此，这些大部分人都会遇到的问题的解决方法就可以制作成课程，进行批量交付。可以让客户先学完课程，有了理论基础之后再进行一对一的咨询，这样就可以更高效地利用咨询时间去解决更个性化和高难度的问题。

做知识付费领域的个人品牌，基本的流程就是，先做大量一对一咨询，然后总结共同的问题和方案，并做成课程，进而设计自己的私教利润产品。

因此，高级的私教产品可以包含以下内容。

第一，系统的课程。先把从 0 到 1 实现目标的过程进行拆解，然后把每一个步骤的知识点结合咨询者共同的问题和解决方案做成课程。

第二，一对一定制咨询。在客户听课程学习的基础上，提供个性化的咨询服务，解决课程以外客户遇到的问题。

第三，定期答疑和密训。市场环境是在不断变化的，录制好的课程内容可能无法回答客户在行动实践中遇到的具体问题，而一对一咨询又会耗费大量时间，因此可以设定定期的集体答疑和密训服务。根据最新的市场环境提供最新的知识分享，同时也可以进行集中答疑解惑，相当于是把一对一咨询变成批量交付的咨询，让大家聚在一起提问，这样可以互相启发，也许 A 客户的问题也正好是 B 客户的问题，节省了一个个去私聊回答的时间成本和精力。

第四，圈子陪伴服务。有时候客户需要的不仅仅是一个私人教练，更是一起成长的伙伴和队友。人是情感动物，需要被支持，被鼓励，被认可，因为可以把所有私教客户都放在一个社群里，让他们之间互相学习和赋能。

第 7 章

∴ SEVEN

个人品牌：做课

7.1
做课的基础准备

7.1.1 为何人人都需要做一门课

我们可以先去想一下做一门课的过程是怎样的。这个过程一定是从梳理知识开始，有目标地搭建自己的知识体系，通过输出给别人创造价值，然后通过不断的输出倒逼输入，强化与深耕自己在一个领域的定位，成为一个领域的专业人士，最后通过课程把一份时间多次售卖，实现时间复利。

通过做一门课程，我们可以有 4 个大的收获。

1. 梳理知识体系

做课程就是梳理和总结自己的知识体系，整理成一套系统，然后输出一门可以帮助别人的课程。现在是知识付费的时代，很多人都只顾着埋头学，但是学的课程和内容却毫无章法，看见什么火，别人在学什么，就跟风去学。这也是我们很多人在做个人品牌的时候找定位很难的原因，其实是不知道自己想要什么。

我们打算去做一门课，就要带着目标去学习，而不是盲目跟风。在一个知识领域中深耕，有系统地学习并查漏补缺，有助于我们专业上的成长，因为我们在有目标地搭建自己的知识体系。

如果我们好像这个也会一点，那个也会一点，但是什么都不精，那正好可以通过做课程这件事情，先去挖掘一个我们最擅长的领域，或者最感兴趣的领域。思考一下，在这个领域内如果要做一门课，我们现有的知识有哪些？缺乏的知识有哪些？在这个过程中，我们不仅梳理了自己的现有知识，同时也可以找出自己在这个领域的知识短板和欠缺，这样就可以有针对性地去学习，去补充这些知识短板和欠缺。

2. 学会输出知识

做一门课，不仅要梳理知识体系，还要学会系统输出。我们觉得自己很厉害，没有用，我们要把自己能创造的价值和产品拿到市场上去检验，对别人有用，有人为我们埋单，那才是厉害，因为这说明我们创造的东西对别人是有价值的。

有些人无法输出可能是有心理障碍，比如自我怀疑、在意别人的评价等，但更多人无法输出的原因，其实是学习能力不够。

我们以为的学习能力是报很多课，很认真地做笔记，很认真地听课学习，这非常棒，但输出能力其实应该是学习能力的一部分，因为只有我们能够把学到的用自己的话教给别人，才能证明我们真正学会了。

3. 成为一个领域的专家

我创立的自由人生教练平台的愿景，是帮助客户通过打造个人品牌掌控自由人生。实现的路径就是用热爱实现自我，用专业成就他人。简而言之，就是在自己热爱和喜欢的事情里深耕，把热爱和喜欢的事情变成擅长的专业，然后用自己的专业去帮助别人，做出自己的一份事业。

所以如果我们可以尽早挖掘自己喜欢的事情，在一个领域里专注学习和输出，然后得到正反馈，建立在这个领域的自信，然后成为这个领域的专家，那么我们就不会为人生和职业的选择而迷茫了。

而我们在这个过程中学到的能力是可迁移的，也就是说，如果我们可以成为一个领域的专家，那我们就会更容易成为另一个领域的专家。我们的学习能力、输出能力、思考能力、表达能力等这些我们在成为一个领域的专家的过程中锻炼出来的底层能力是可迁移的。这就是为什么一个人快速掌握一门外语之后，学习其他外语也会更容易。

很多人觉得，只有专家才能给别人讲课，但事实是，对于普通人而言，只有会讲课，才能成为专家。因为我们在教别人和输出表达的过程中，我们自己的思维是系统、有逻辑的，我们所有的知识都会自动重组成一套体系。

我们在反复讲课的过程中，不断挖掘自己所有隐藏的知识，然后重组成一套自己的体系。这一点我在直播的过程中体会非常深，我每次直播都是没有稿子的，我只会列一个主题和大纲，然后我经常在讲的过程中会冒出新的点子和想法，这其实就是我在输出的过程中大脑不断地搜索隐藏的知识，一些我过去看过的书、听过的故事就会自动在脑海中浮现，成了我分享主题中的亮点。

所以先去教别人，去输出，我们才有可能成为专家。把喜欢的事情变成事业，一定是先把喜欢的事情做成擅长的事情，成为这个领域的专业人士，我们才有足够的能力去把它变成一份可以赚钱的事业。

4. 时间复利

产生被动收入、时间复利，是很多人的梦想。在知识付费的时代，我们如果不做课，就只能去上别人的课。因为人人都在用自己的知识进行转化，就像人人都开始通过自媒体进行输出，我们如果不输出，就只能不断吸纳别人的观点，被别人影响。我们不去系统地思考，就会变成一个人云亦云的人。

人人都在打造个人品牌，都在大量输出个人的储备，我们用知识转化的最小可行性产品就是咨询，如果我们只是想把喜欢的事情做成副业，那么一直做一对一咨询是完全可以的。但如果我们是想做成一份事业，那一定要思考如何实现时间复利，把一份时间卖出多份钱。对于知识 IP 来说，一个必经过程就是先做大量咨询，然后总结咨询中大家的痛点或者最常见的问题和解决方法，最后把它们总结归纳成课程。

我能做出第一门训练营课程，就是因为我在给不同行业的客户做了大量咨询之后，发现很多做个人品牌刚刚起步的小白遇到的问题都是相通的，对于这些相通的问题，我如果做一对一咨询，我就要跟每个人都讲一遍，为什么不录成课程让他们都可以随时去学习呢？然后我就可以把我的一对一咨询用来解决更个性化的问题，这样就能更高效地利用我的时间，提高我的咨询难度，同时也是在不断提高我的咨询能力。

对于做个人品牌的伙伴们，做课程是实现时间复利的必经之路，也是我们获得被动收入最快、最简单的方式。

对于不是想做个人品牌，只是单纯想学习做课程的人来说，做课程也是非常有意义的，因为它可以是我们留给世界的一份礼物。课程可以一直挂在网上，即便不去刻意售卖，它也可以作为陌生人认识我们的一种方式，作为我们交友的一份见面礼。就像现在很多人加好友都会送一份礼物，那么我们的课程可以免费送给我们的朋友。

很多人都有出书的梦想，其实我们做课程和出书的过程很像，都是聚焦一个领域去梳理、总结自己的知识，把它变成对别人有价值的内容。不是每个人都可以出书，但每个人都一定可以出自己的一门课。

7.1.2 做课程要突破的3个心理障碍

1. 觉得自己不够好

破解办法是先完成再完美。

很多人会自我否定："我的知识还没有成系统，我还有很多东西不会，我还没准备充分……"然后不敢去做这件事，觉得做一个课很难，自己不能胜任，一开始就被自己吓倒了。

很多时候我们最大的敌人就是自己。我们大多数时候被自己的担忧、恐惧、限制性信念给束缚住了，事情的结果往往是，我们觉得自己不够好，那就很难将事情做好。但如果我们觉得自己很棒，我们就一定会很棒。

如果我们相信自己能做成一件事情，大概率我们就能做成。我们可以用一个月的时间做出一门课，哪怕它还不够完美，但是这个过程一定是我们快速学习的过程，我们收获到的一定会比盲目学习的东西要多得多。

从知道到做到的距离，如何跨越？建议去尝试用 30 天先做出一门课，如果我们能做出来，就说明我们不仅仅是知道。

2. 觉得自己不够专业

破解办法是"教是最好的学"。

　　做课程，当老师，很多人担心自己不够专业，其实也是有道理的，因为如果我们把知识点说错了，比如我们说"地球是方的"，那肯定就是在误人子弟。因此我们课程的内容一定是被验证过的，所以建议大家去总结自己亲身验证过的知识，再来做自己的课程，不要异想天开。

　　因为我们亲身验证过的知识、我们自己总结出来的经验，它一定对我们来说是正确的，也能给其他人启发。从我们亲身验证的经验出发，先去总结，然后查漏补缺，通过快速学习填补知识空白，这是一种我们可以一边高效输出一边快速学习的做课方式。我们亲身验证过的经验是带有我们的个人特色的，这才是我们的个人品牌。

　　我不建议在自己没有实战经验时去照搬其他老师的课程内容。比如，市面上会有一些导师班、认证班、授权班，如果我们学完课程以后会被颁发一个授权认证，然后我们可以拿着课程的内容，包括PPT、文字稿等去给别人讲课。这样的话我们讲的内容都是别人的内容，没有自己的经验总结，就是纸上谈兵，我们是很难讲好的，也很难通过课程去打造自己的个人品牌。就算我们能一字不差去复制别人讲课的内容，但是我们的课没有灵魂。课程的灵魂是什么？就是我们的个人品牌。做课程一定要结合自己的实战经验，加上针对专业知识盲点进行学习，才能做好自己的课程。

　　我们不是要有了10分的能力才能教别人，在我们只有6分的时候，就可以去教1～5分的人，因为6分的老师刚刚经历过1～5分的阶段，他知道这个阶段的人最需要的帮助和支持是什么，而一个10分的老师，距离1～5分已经很远了，他已经不太能够明白1～5分的人需要什么。

　　在我刚开始做个人品牌前几个月的时候，有好几个学员直接报名我的私教课，不是因为他们觉得我在这个行业有多么厉害，而是他们觉得我作为一个起步几个月能快速出成果的老师，更清楚普通人想要从0到1做个人品牌最需要什么，会遇到的问题和障碍有哪些，以及要怎样去解决。他们从我身上能看到希望，因为他们相信，我现在能够做到的事情，他们也一样可以通过学习来做到。

在选择老师和课程的时候，不能光看这个老师的咖位，而是要去选择更贴近自己需求的老师。尤其是小白，其实万事开头难，最开始的时候遇到的问题一定是最多的，应该最好选择能够提供更多个性化帮助和服务的老师。起步的时候如果走顺了，后面就会走得越来越快。

如果我们在想做课的这个领域积累得不够多，比如说，我们知道这个知识点很重要，但经验不足，自己不会，怎么办？那就学呀！趁着这个机会去专门学习和研究这个知识点，把它学会，然后放到我们的课程里，教给别人。这就是实践了"教是最好的学"。人人都知道"教是最好的学"，但如果我们能用30天做出一门课，那就证明我们不仅仅是知道，我们还可以做到。

3. 不敢营销

破解办法是不以赚钱为唯一的目的。

有人还没开始做课，就担心自己的课程卖不出去，招不到学生，担心自己吆喝了但是没有人埋单。其实我们可以倒回来想一下，我们做课程的目的只有招生赚钱吗？一开始就奔着赚钱去做一件事情，是做不好的。这也是很多人个人品牌做不长久的原因，因为太急功近利了。

如果我们能够从愿景与使命的角度出发去做课程，那我们在做课程的时候，就会把时间和精力放在内容质量上，我们会去想这门课做出来对客户的意义和帮助是什么，真正从客户的角度出发去考虑课程的内容。如果能做到这一点，那么课程的销售肯定不用担心。如果我们的课程内容真的能够帮助客户解决问题，那么就会被口碑相传，我们的第一批客户会主动来给我们介绍新的客户。

那如何从客户角度出发去做课程呢？我们不能闭门造车，自己闷头想客户需要什么，而是应该做市场调研，去做访谈，去了解客户需要什么。做课前的调研和一线信息的搜集是非常重要的，决定了我们的第一门课程是否真的契合市场和客户需求，如果不符合客户的需求，那肯定是无法销售，没有客户的。

做一门课程，赚钱一定不是唯一的目的。如果我们担心自己的第一门课没有人埋单，那可以应用"渗透定价"策略，定价稍微便宜一点，先让大家体验一下，如果我们收获到了很多反馈，大家觉得课程内容超值，那就说明我们可以提高价格了。一切的营销都是基于市场反馈，要用行动去验证，不要空想，瞎担心。

7.1.3　做课可以提升的5大能力

做出一门课程，并且能够把它卖出去，这个过程需要用到非常多的技能。我总结了5大能力，这5大能力其实也是我们做个人品牌必须具备的核心能力，它们分别是品牌力、内容力、营销力、表达力、转化力。如果我们已经具备了这些技能，那我们做课的过程可能会轻松一些，如果没有，那么可能会在做课的过程中意识到自己技能的欠缺，但我们可以通过做课来学习和弥补技能的欠缺。

1. 品牌力

品牌力是我们一定要去关注和学习的第一大能力。作为普通人，我们做的课程为什么会有人来学习？前提是我们有自己的个人品牌影响力，简而言之就是我们有自己的个人口碑，在所处的行业里有人脉的积累，或者更直接点说，就是我们有粉丝。别人喜欢我们，信服我们，才会去购买我们推荐和设计的产品。

我们的课程做出来以后是属于我们自己的，要带有我们的个人特色，能够卖出去，并且口碑相传，区别于市面上其他课程。就像我们自己一样，世上只有一个自己，也只有这一个独特的产品，和别人的都是不一样的。这份独特性就是我们的品牌力。

所以我们做个人品牌和做产品，可以借鉴和学习别人的经验，但一定要有自己的独创性和个性，才能够建立起你的品牌力。这一点非常重要，这就是个人品牌的力量。

判断我们有没有建立起个人品牌的方法就是判断客户是因为信任我们才购买我们的产品，还是仅仅因为需要这个产品才选择我们。这决定了我们的客户是仅仅因为单次的需求而单次消费，还是会因为信任我们而多次消费。

比如我的一些客户之前是我做代购时候的客户，后面变成我做教练的客户，再后来变成我做个人品牌的客户，他们是一直跟着我走的，因为他们相信我，所以相信我推荐的产品，相信我做的事情一定是有价值的。怀着这样的信任，我做的任何事情他们都会愿意尝试和埋单。当然前提也是我没有让他们失望过，每一次的消费能够让客户觉得物超所值，才能够维护客户的黏性。

所以，做个人品牌的时候要思考，我们跟别人不一样的地方是什么，因为我们的特色，就是我们的品牌力的起源。

另外，我们还要用更高一层的平台思维，去规划我们的产品期望带来的社会价值和影响力。因为当我们想要创造更大的价值，承担的责任就越大，内心包容的世界更宽广，我们做事情的格局就会越大。格局大了，认知就会提升，眼界就会宽广，看问题的角度就会更长远，更全面，就不会总被眼前的琐事阻碍脚步。

赚钱和转化是长期的事情。我们想要的未来决定了我们的现在。未来我们想去的方向决定了我们今天该做什么事情。这就是目标导向型思维，先确定自己想去的方向，想实现的自由人生是什么样子，再倒推回来去设计我们的个人品牌和课程。

2. 内容力

做课程就是在做内容。现在是一个内容为王的时代，广告营销的重点就是内容，所以会做内容的人现在职场竞争力也更强。在营销领域有一个专门的岗位就是内容营销（content marketing）。

到底什么是内容营销？维基百科对于内容营销的定义为："品牌以图片、文字、动画等介质传达企业相关的内容给客户来促进销售。通过合理的内容创建、发布与传播，向客户传递有价值的信息，从而实现网络营销的目的。"

内容所依靠的载体，不仅是 Logo、海报、网站、广告，还有印着 Logo 和 Slogan 的服装、纸杯、手提袋等。根据不同的内容，传递的载体各有不同，但内容的核心必须是一致的。这个内容核心就是我们的愿景与使命，是品牌的文化输出。

一个好的内容一定是有文化输出的。比如有的视频广告我们看了都会感动地流泪，虽然知道它是广告，但却会被它视频里的故事所传递的文化和价值观感动。比如现在很多大咖会做跨年演讲，虽然这其实也是大咖为打造个人品牌而做的一场营销活动，但是因为演讲里讲述的商业案例和小故事引人深思，所以会有成千上万的人去听。

内容的核心是品牌文化的输出，也就是说我们要把自己的核心文化通过不同的内容和载体传递到客户的心中。

举个常见的例子，比如我们卖有机天然护肤品，那么我们的广告宣传就不能只写"这款天然面霜采用的都是天然原料，对皮肤很温和，不刺激"等。这样的广告宣传太常见了，市面上有那么多有机天然的面霜，客户为什么一定要买我们的品牌呢？所以我们要思考这个有机天然护肤品牌想要输出的核心文化是什么。

比如创始人的故事和愿景。例如有些品牌会说，创始人因为皮肤非常敏感，所以用不了刺激性的护肤品，因此研究了专门针对皮肤高敏感人群的有机护肤品牌，能够让皮肤敏感的人群，以及孕妇、儿童之类的特殊人群也能找到适合自己的、放心安全的、天然环保的护肤品。

再比如有的品牌文化可能是极简主义或者环保主义，提倡"取之于大自然，用之于大自然"的护肤理念，希望更多人可以通过简单的天然护肤步骤来感受大自然的魅力，身体力行地保护大自然等。

这样的文化才是一个品牌内容的核心，普通的品牌是卖产品，高级的品牌是卖文化。因此做个人品牌也是一样，要找到自己的愿景和使命，这才是个人品牌的核心。

有了品牌文化与愿景、使命，我们如何通过内容去触达客户呢？内容的载体有很多种，比如 Logo、海报、文案等。Logo 本身是没有意义的，但做内容营销就是要赋予它意义，用它作为载体来传达品牌的愿景和使命。此外，做个人品牌最常使用的内容载体是海报，所以做海报的时候一定要想自己海报上的图片、文案想传达的价值理念是什么，而不仅仅是描述产品的卖点。同样，做课程也需要考虑课程内容想传递给学员的价值理念是什么。

3.营销力

很多人以为到了卖产品的那一步才需要去做营销。这种想法是错误的。如果想要让自己的课程能够卖出去，从一开始就要把营销思维融入到整个课程设计里。

我们在一开始去设计自己的课程内容的时候，就要考虑消费者会不会埋单，别人能不能理解，有没有市场特色等问题。同时，我们在做课程的过程中就要开始思考，我们的主题是否有市场需求，课程大纲如何设计才能既简洁又吸睛，海报如何做才能戳到客户痛点，这些其实都是营销思维。也就是说，从我们打算开始做一门课出来，我们就要开始运用营销思维了。

有营销思维和没有营销思维的人有什么区别？有营销思维的人会很容易看到商机，会整合资源，赚钱会更容易。另外，有营销思维的人会更容易看到别人身上的潜力和优势。

营销思维是在这个时代人人都应该练习的一种思维，因为现在是个体崛起的时代，是个人品牌的时代，每个人都要学会适时地营销和展示自己的特长，让自己可以脱颖而出，获得更多的机会。就算我们只是去参加一场面试，其实也需要有营销思维，这样我们才能知道如何让自己在面试过程中能够给面试官留下深刻印象，让他们看到自己的优势。

而光有营销思维是不够的，我们要能够把营销思维落地执行，见到成果，这样才是一种能力，也就是营销力。所以营销力是一种非常重要的底层能力，不是靠学理论、看书就能学会的。在营销上，很多人都是知道却做不到，会遇到各种障碍，而营销本来就是一种行动，营销力是要通过实操来练习和提升的。

4. 表达力

一个会表达的人一定会连接到更多的资源。用俗话来解释，就是"会哭的孩子有奶吃，会说话的孩子更讨人喜欢"。

提到表达力，很多人首先想到的就是演讲表达，做课程终究是要讲出来的，演讲表达能力当然非常重要。但表达力不仅仅是演讲表达，还有文案表达。因为我遇到的很多学员在自己的行业或者专业领域里非常厉害，他们的演讲表达能力都没问题，但是，他们大部分人比较欠缺的是文案表达能力，或者说写作表达能力。

我们想做一门课出来，要设计大纲，要做 PPT，要做海报，要写宣传文案等，这些更需要的其实是文案表达力。我们的文字能够简明扼要地表达出我们想要讲的内容，不会造成误解，不会让人看不懂，能够直击人心，这才是文案表达力。

另外，现在还有一个表达力也非常重要，那就是直播表达力。演讲表达和直播表达是两回事，会演讲不代表能做好直播。同样是讲课，为什么有的老师的课程非常生动，学员都听得津津有味，而有的老师课程乏味，学员听着就打瞌睡？就是因为单纯的演讲和直播是不一样的。现在直播很火，直播表达力和我们讲直播课有很多技巧是相通的，所以如果我们想做直播课，就需要提升自己的直播表达力。

5. 转化力

辛辛苦苦做出一门课，当然是希望能够把它卖出去，甚至可以实现被动收入。

会赚钱也是一种能力，很多人做个人品牌常见的障碍是金钱障碍，比如不敢收费、不敢定高价等。我曾经的一个教练客户有一个限制性的信念，就是觉得赚钱一定很辛苦，所以她创业非常痛苦，一进办公室就开始浑身肌肉紧绷，进入辛苦又紧张的状态里。其实我们会发现，会赚钱的人都不会觉得赚钱是一件辛苦的事情，反而觉得是一件轻松有趣的事情，因为他们往往可以通过多种方式赚到钱，而不仅仅有一个收入来源。

但是，转化的意义不仅仅是赚到钱，课程不同于其他商品，它的价值在于知识。所以除了钱以外，我们更需要关注的是我们的课程是否真的能够让别人有收获，能够帮助到别人解决他们当下的问题。课程里的内容能够让学员学完以后落地行动，带来改变，这也是转化力。

判断市面上的课程是不是在"割韭菜"，就是看这个课程能不能够让学员在学习的过程中把学到的知识落地，解决他们真正的问题。

我认为课程分两种。一种是扩大认知类的理论课，比如我们去听行业大咖分析商业趋势，这是纯理论，但是它可以拓宽我们的认知。比如大学里，人文社科类的专业大多属于这种扩大认知类的理论课。另一种课就是实操课，边学边练手，有老师手把手指导我们越做越好，重点在于做，听完理论立刻去做，才能学得好，大学里一些需要做实验的理工科就是这种教学形式。

现在很多人在知识付费上被"割韭菜"，就是上了大量的理论课。这些理论课可能会扩大一些认知，但是因为所学的理论跟自己的生活是脱节的，根本用不上，所以课上学到的知识很快就会被遗忘。

所以想要避免被"割韭菜"，选择课程一定要选择和自己的需求相关的，是为了解决问题，而不是纯粹为了满足自己的学习欲望和好奇心。选择适合自己的课程，只需要记住一个词——学以致用。我们做课程也是一样，要替学员去思考，如何让他们能够学以致用。

7.2
如何快速做出自己的第一门课

7.2.1 找到适合自己的课程选题

做课程需要梳理自己的核心知识体系，找到适合自己的课程选题。这里教给大家 3 种找选题的方法。

1.定位模型

在找个人品牌定位的时候，我们提到了 4 个角度：市场需求、职业专长、兴趣爱好、可触达用户。找课程选题的方法和找定位的方法是殊途同归的，都可以从这 4 个角度去考虑。

我建议先从热爱这个角度出发去找选题，因为热爱是我们的内驱力，有了强烈的内驱力，才能够坚持把一件事情做好，不然就很容易受到外界的影响而半途而废。

想找到自己心中热爱的课程选题，可以从两个方向去考虑。

第一个是过去。回想一下，过去我们一直坚持在做的事情是什么？我们为何可以坚持这么久？它一定是让我们有收获的，所以我们才愿意并能够坚持下去。

比如有的人每天早晨 4 点半起床，坚持了很多年；有的人每天跑步 10 公里，坚持了很多年；还有的人坚持写了很多年的日记等。

每当我们听到别人坚持一件事情很多年，第一个反应都是："哇，好厉害，我就做不到，但我也好想和他一样呀。"

比如早晨4点半起床这件事，很多人或许连7点钟起床都做不到，而我们做不到，但别人能做到的，尤其是还能够坚持做到的事情，我们都会非常羡慕，也会非常想去向别人学习。

那么我们可以自己去深入挖掘一下，自己过去在这件事上能够坚持下去的原因是什么？有哪些收获？把我们坚持这件事情的原因、我们的内驱力、这件事情给我们带来的价值、我们人生因此而发生的改变讲清楚，然后还可以带着学员和我们一起坚持打卡，这就可以变成一门非常受欢迎的课程了。

第二个是未来。如果我们找不到过去坚持做的热爱的事情，那我们未来有什么特别想做的事情呢？我们做个人品牌，找定位不仅仅是要看自己现在有什么，还要看我们未来想要拥有什么。如果过去没有非常热爱和坚持很久的事情，那么一定会有对未来的期盼和愿望吧？我们也可以从这个角度出发去找自己的课程选题。

比如，我的第一门课程是在2020年开设的，当时我学习当人生教练不久，但是我非常坚定地觉得这是一件助人达己的事情，所以我特别想成为一名专业人生教练，因此我的第一门课就是与教练相关的课程，叫作"做自己的人生教练"。我和另外一个教练一起，找到一些教练工具去教别人如何用一些工具来探索自己的人生愿景、工作目标等，去成为自己的人生教练，走出迷茫，去找到人生和工作的方向。

这门课程的反馈也非常好，当时定价很便宜，虽然没有赚多少钱，但是我做的是自己非常想做的事情，所以我很快乐，也很有收获，而且因为这门课程我还收获了很多学员的信任和喜欢，这些学员后来也成了我的个人品牌学员。虽然中间有两年时间我们根本没有什么联系，但正因为有两年前我的第一个课建立起的信任连接，所以后面我做个人品牌和其他产品的时候，他们才会毫不犹豫地报名。所以我们做任何事情都不要只看到眼前的利益，老老实实地把产品做好，我们的用心别人都会看在眼里，也一定会有更长远的收益。

2. 原始需求

人本主义心理学家马斯洛把人类的需求分成了 5 个层级，从下往上依次是生理需求、安全需求、归属感和爱的需求、被尊重和需要的需求以及自我实现的需求。

我们做产品，做课程，如果想要有市场，就需要满足客户的需求，而客户的需求其实都包含在马斯洛的需求理论层级里。因此我们在考虑课程选题的时候，可以根据马斯洛需求理论去考虑，这门课程满足了客户哪一个层级的需求？

举个例子，同样是一门教演讲的课程，下面哪一个选题会更吸引人呢？

"演讲训练营" "21 天提升演讲表达力" "21 天把你的声音变成钱" "会演讲更好命，用声音修炼好运体质"。

第一个很平淡，是告诉客户它是一个演讲训练营。第二个加上了 "21 天"，更好一点，因为它让客户知道用 21 天就可以实现演讲表达力提升。第三个是把声音和钱联系到了一起，这门课程不仅是教客户演讲表达，还教客户把声音变成钱，看起来更有价值感，因为它与钱联系了起来，而物质满足了人们最重要的生存需求。

最后一个选题也很吸引人，因为它把演讲和运气结合到了一起，运气满足了人们的安全需求。

我们通过这四个对比就知道，同样是一个演讲课，为什么有的卖得好，有的卖不出去。可能课程内容差不多，但就因为选题不一样，销量就千差万别。其实就是因为好的选题和人类的需求联系在了一起。

再举个例子，我有一位学员的个人品牌定位是家庭运营，很显然，家庭运营和家庭有关系，对应人们对于归属和爱的需求，这个选题的课程可以讲如何建立一个有爱的、温暖的家庭。

另外，家庭运营也可以和自我实现的需求结合起来，讲如何通过家庭关系的建立促进事业的发展，实现更有价值的人生。这就是我们考虑选题的思路。如果我们把家庭运营这个选题与归属感和自我实现这两个需求相结合，课程内容的重点也就敲定了，这门课要针对什么样的人群、具体解决什么样的问题也就能定下来了。

3. 验证市场

千万不要让选择恐惧症或者完美主义阻碍了自己。我们只是要做一门课，不是要选择结婚对象，就算是结婚选错了人也可以离婚，懂得及时止损就可以了，所以不要害怕犯错，因为人人都会犯错。

如果通过前面两个方法我们找到了一个选题，但还是不太确定，或者我们脑子里已经有了一个选题，但还是有些犹豫，那么可以先做一个小课，一个能够最快做出来的公开课，当作我们的最小可行性产品推广出去，看看市场的反馈。

做个人品牌时，找定位是在行动中去调整的，做课程也是一样。如果我们不能确定这个选题是否有人埋单，或者我们是否能够做出一套体系课程，那我们可以先去做一节小的公开课，做40分钟的分享课，先去试试看，看看大家的接受程度和对内容的反馈。这个过程是非常有价值的，不仅可以降低我们试错的成本，同时也可以积累自己讲课的经验，从中找到可以提升的地方。

所以，验证市场是第三个找选题的方法，先快速找一个选题，做出一门小课，然后推向市场，之后再用收到的反馈来进行调整。如果市场反馈好，我们在讲课的过程中又很快乐，那么可以继续深化，做成一个系统课。如果市场反馈很差，没人埋单，或者我们备课的过程很痛苦，那就赶紧调整方向，找新的选题。

7.2.2 深挖大脑的隐藏知识

很多人做课的障碍是觉得自己的知识储备不够，事实上并不是知识储备不够，而是不会总结知识。

其实我们的大脑有很多隐藏的知识，俗话说"吃一堑，长一智"，每个人都有踩过的坑、走过的路、失败的教训、成功的经验，如果我们会复盘和总结，输出知识来做成一门课并不是一件难事。给大家介绍3个方法，深挖大脑的隐藏知识，快速在自己的课程选题下搭建课程内容。

1. 目标导向：提出一个好问题

第一个方法是先提出一个好问题，用目标导向去找到解决问题的方法。这个方法有三步，第一步，提出一个具体的问题，这个问题是我们发现很多人都有，都想去解决的问题；第二步，回忆我们是如何解决这个问题的，我们解决问题的关键点和知识点有哪些；第三步，总结我们解决问题的方法，把它们梳理成一节课。

我的第一个小课"个人品牌商业秘籍课"就是这样设计出来的。首先，我发现身边很多人学习当教练，但是一直都只是在给同伴做教练，没有真实的客户，经过市场调研，我发现他们都有一个共同的问题：不知道如何营销自己，不知道如何找到客户。然后我就回忆了我自己是如何做的，发现了自己在营销和个人品牌方面的知识可以用来解决这个问题，最后我就把我的知识以及我的经验总结出来，做成了"个人品牌商业秘籍课"，来帮助教练人群理解营销和个人品牌的底层逻辑，解决他们找不到客户的问题。

因为我用了提出问题、解决问题这个思路来打造这门课，在这门课出来之前，我已经知道了我的目标用户是谁，以及他们的问题是什么，我做这门课就是为了解决他们的问题，所以课程的反馈非常好。

这是一个很有效的方法，让我们在回忆自己做成一件事情的过程中去深挖自己大脑的经验和知识，把它总结出来让别人受益。

其实大家应该养成这样一种习惯，对自己做成功的事情及时复盘并总结经验，把可复制的成功经验应用到下一个事情当中去。不断地去强化和练习是做成一件事情最有效的经验，这样我们的成长就会越来越快。

人们常常说成功的经验是不可复制的，指的是别人成功的经验我们可能无法复制，但我们自己的成功经验是可以复制的。因为我们的成功经验往往验证了我们身上的某个优势，这往往是对自己最有效的成功秘诀。如果我们能不断复盘，不断总结，把这些隐藏的成功秘诀挖掘出来，那么我们未来做任何事情都会越来越容易。

2. 逻辑导向：回忆做成一件事的步骤

第二个深挖大脑隐藏知识的方法，是回忆做成一件事情的步骤，用逻辑导向来梳理。比如我们教别人做一道菜，我们会回忆我们是如何一步步去做的，提前准备好什么材料，第一步先放什么，第二步再放什么……什么时候起锅，最后怎么样去装盘。这就是按逻辑去回忆做成一件事情的步骤。

这个方法拆解成3步：第一步，先确定我们的一个成就事件，一定是我们做成功的一件事情；第二步，回忆自己做成这件事情从0到1的逻辑步骤；第三步，回看自己当时的记录，比如日记、朋友圈等，去努力思考细节，填充这些步骤。最后，当这些步骤梳理得非常详细的时候，我们就可以把做成这件事情的经验分享给别人了。

这是一个最常见、最简单的挖掘我们大脑隐藏知识的方法，因为我们做事情一般是有条理、有步骤的，因此我们也可以在日常生活中去记录自己做事情的步骤，培养这种逻辑思考的能力，这会对我们未来去总结自己的经验有非常大的帮助。

3. 内容导向：思考达成目标的几个角度

第三种方法是思考达成目标的几个角度，即内容导向法。比如我的一节公开课"知识转化的10种方式"，当时定的主题就是去分享10种知识转化的方法给大家，拓宽大家的思维。

这个方法拆解成以下3步。第一步，确定我们想达成的目标是什么，比如我的公开课目标是讲知识转化的10种方式；第二步，确定达成目标可以从哪几个角度去考虑；第三步，填充每一个角度的具体内容，这一步就是详细去讲通过这个角度如何操作才可以实现目标。

　　这也是一种非常有效的挖掘大脑隐藏知识的方法。这3种方式都非常好用，大家可以去思考一下，自己准备用哪一种方式来挖掘自己大脑的隐藏知识呢？

7.2.3　高效搭建课程框架

1. 应用一个知识模型

　　什么是知识模型？比如我在这本书里讲到的个人品牌打造地图、营销漏斗，它们就是知识模型。我们可以自己建立一个或者拿现有的模型出来，作为自己的课程框架，然后去拆解和讲解这个模型里的细节，用这种方式来做出一门课。

　　比如马斯洛需求理论，它就是一个知识模型，把人类的需求分成了5个层级。那我们可以根据自己对于幸福的理解，把幸福和需求结合起来做出一个幸福模型，可以分成4个层级，比如家庭、事业、朋友、自我，从这4个层级出发去讲我们如何获取幸福。如果我们觉得这4个角度好像是平行的，不适合用层级的模型来讲，那还可以把它们做成一个幸福四叶草模型，作为我们的幸福课程框架。

　　创意和创新是别人模仿不来的，如果想要让自己的课程脱颖而出，那就可以自己创作一个知识模型出来，作为自己的课程框架，更具自己的特色，同时也可以区别于市面上其他的同类课程，让人耳目一新。

2. 从0到1的逻辑框架

　　和前面挖掘大脑隐藏思维一样，逻辑框架就是根据我们的课程选题，去讲如何从 0 到 1 一步步去实现一件事情。

我们整个课程框架都可以按照逻辑框架来搭建，比如个人品牌课程，就可以按照个人品牌地图，从定位、产品、流量、营销、交付的逻辑框架来讲课。

3. 关键因素集合法

根据我们的选题，找出实现这个选题目标的几个关键因素，然后分别展开去讲这几个关键因素的内容。比如我们刚刚提到的幸福四叶草的例子，如果把幸福的关键因素分为家庭、事业、朋友和自我，那么就可以详细展开去讲这 4 个关键因素是如何和幸福相关的，如何做才可以实现幸福。

比如讲个人品牌转化的课程，内容也可以分为咨询转化、技能转化、社群转化、课程转化这几个关键因素，然后分别展开。

7.2.4　写出吸睛的爆款课程大纲

课表是课程内容的一个试用装，是整个课程的浓缩版，学员可以通过看课表了解老师，判断课程的内容是否适合自己。

课表一定不能省略，这就好像我们跟别人介绍一款爽肤水，光靠一张嘴说"这个爽肤水质地很轻薄，味道很好闻"，客户是没感觉的，她一定要试用一下才知道这个爽肤水到底是什么质地、什么味道，自己是不是喜欢。所以我们的课表就是一个课程的试用装，让学员可以通过课表看到课程设置的逻辑线、内容的要点、能解决的问题等，学员才能知道课程对他来说到底有什么价值，才能够激起他的购买欲望。

做课和写书是一样的，书名就是课程标题，目录就是课程大纲。

我们可以想象一下，当我们走进一家书店，是如何挑选书的呢？

首先，那么多书在我们眼前，我们是不是通常会先注意到封面好看、特别的书呢？书的封面就相当于我们的课程海报，所以海报一定要设计得美观好看。

然后，我们拿起了这本封面好看的书，是不是会首先看看书名？书名就相当于我们课程的名字。因此课程的标题一定要有趣、有料，引起客户的好奇心。

如果我们对这个书名好奇，我们就会去翻一下目录，看看这本书是如何讲述这个主题的。目录就是我们的课程大纲，课程大纲要能够满足客户的好奇心，让他知道我们的课程逻辑、能给他的干货内容和价值，这样才会激发客户的购买欲望。

课程大纲的重点部分，包括大纲结构和大纲标题。

1. 大纲结构

我们可以把大纲的结构分成点、线、面。

点状的结构适用于场景型的内容，围绕一个选题，在课程里讲述不同方面的知识点，这些知识点之间是没有联系的，就像一个个的点一样，把这些点聚集在一起，就成了课程大纲。

拿个人品牌的课程举例子，比如我们把个人品牌这门课程的内容分成不同人群如何打造个人品牌，那么大纲可以按点状结构来规划：比如创始人如何打造个人品牌，创业者如何打造个人品牌，职场人如何打造个人品牌，全职妈妈如何打造个人品牌，大学生如何打造个人品牌等。这就是点状的大纲结构，每一个大纲条目之间是没有关联的，但每一个条目和课程内容是相关的。

如果我们要把知识点联系起来，按自始至终的逻辑顺序来规划课程，就是线状结构了。也就是把相关联的知识点连成线，按照从 0 到 1 的逻辑顺序来做课程，这适用于流程型的课程选题。比如讲小白从月入 1 千元到月入 1 万元的个人品牌路径是什么，然后再讲从 1 万元到 10 万元的个人品牌路径是什么，最后讲从 10 万元到一百万元，成为超级个体的个人品牌路径是什么。这样的课程内容就是以从初级到高级，从 0 到 1 的逻辑顺序来设计大纲。

如果的课程要讲的内容比较多，不仅涉及从初级到高级的进阶知识，还分别关联不同的知识点，那就要做有体系的课程，也就是具有面状的结构，要把点和线都加入进来，去设计自己的一套课程体系，而不是简单地去讲逻辑顺序和零散的知识点了。比如我们可以把打造个人品牌分为心法、技法、道法三个模块，然后每一个模块下面再去按照线或者点的方式填充内容，甚至每一个线或点下面还有更细致的线状和点状结构的知识，这就能一套完整的体系课。

因此可以看出来，刚开始做课程的时候，可以先去做点状的课程结构，这个最容易，先提出一个问题，然后去列出这个问题相关的知识点，最后汇总成课程大纲。进阶时可以尝试线状的课程结构，按逻辑顺序去写课程选题下的大纲。如果你在一个领域的知识已经有了很深的积累，就可以做一套完整的知识体系课程出来。

做课程这件事情，是一个逐渐提升、逐渐完善的过程，在不断输出、不断分享的过程中，渐渐能够在一个领域形成自己的一套完整的知识体系，这个时候我们才算成为一个真正的知识型IP，这也是我们打造个人品牌、学习做课、练习做课的最终的目标。

2. 大纲标题

标题的水平显示出了内容文案的水平，文案写作这个技能是需要长期训练的，不是一朝一夕就能提升的，所以在这里直接给大家写标题最简单、最容易上手的公式，大家在做课初期可以直接按着公式来写自己的课程大纲标题。

第一个标题公式：4字总结＋课程好处。比如"课程大纲｜设计吸睛的内容体系"就是按照这个公式写的标题，前4个字总结了课程的主题，然后后面一句话说明具体的内容，也就是课程能给客户带来什么好处。这是一个非常好用的公式，但是也很考验遣词造句的能力，需要多去练习。

第二个标题公式：数字＋解决问题。比如"一张地图让你看懂个人品牌""一个漏斗让你快速掌握成交秘籍"。这就是用数字来让客户感受到价值的可量化，同时提出可以解决的具体问题，让客户清清楚楚地知道这门课程的目的。

第三个标题公式：用提问代替陈述。比如"如何写出爆款吸睛的课程大纲"。为什么要用提问来代替陈述呢？因为当客户看到我们写的问题，他就会开始思考问题的答案，如果他思考不出来答案，他就会好奇我们的答案到底是什么，我们的课要讲什么内容。

以上是3种非常简单的标题公式，大家用好一种就可以写出漂亮的课程大纲了。如果是文字功底比较好的伙伴可以增加难度，去挑选有趣、有料的词语来替代平淡无奇的词语，让标题看起来更特别，那么课程海报也会看起来更吸睛。

文案的内容力需要日常多积累、多练习，可以去观察和拆解书的目录和热门的课程目录，尤其是经典书籍的目录，多看、多写、多练。

7.2.5　制作专业、优质的课程海报

有了课程的选题和大纲，接下去就要开始做海报进行宣传了。

海报是课程的门面，很大程度上决定了我们的课能不能有人来埋单。

用一大段文字来介绍课程，都不如一张图来得直接，因为人的大脑对有视觉冲击力强的内容更敏感。而且现在这个时代，人们的注意力受到太多干扰，没有耐心去看大段的文字，甚至都没有耐心去看完海报上的所有文字，所以我们的海报不能做得太复杂，文字不能太多，而且重要的信息一定要突出。

很多人以为做海报就是罗列出信息，然后加一些图片就完了，其实并不是这样。如果我们能做出一张好的海报，其实我们就已经具备了营销思维，因为做海报的过程其实就是在不断思考如何把产品卖出去，就是在锻炼自己的内容力。比如，我们要思考海报上放哪些内容更能吸引别人的兴趣，如何精炼文字才让人更容易理解，如何排版才能够把重点凸显出来，如何在有限的平面上取舍图片和文字等。

我建议大家自己都去练习一下做海报，因为我们可以通过这个过程锻炼营销思维和文案写作能力。

那如何制作专业、优质的课程海报呢？

1.设计海报的工具

给大家推荐三个适合小白做海报的平台：Canva、稿定设计和创客贴。每一个平台上都有非常多的模板可供选择。

2.海报的必备要素

做海报首先要清楚海报有哪些必备要素，否则设计得再好看也是没用的。

首先是标题。标题的字一定是最大的，而且要大到客户在微信对话框或者朋友圈看到海报时，它的缩小图都能让别人看清标题是什么，能知道这张图的内容主题是什么。如果我们在朋友圈发一张图，从小图上看是密密麻麻的文字，也看不清是什么，那别人可能根本不会点开。

所以课程海报的标题一定要够大。但如果标题够大，就不能太长，因为太长的话一行可能就放不下，做成两行可能又有些奇怪，所以主标题要精炼短小，但是可以用一句话作为副标题，用来解释课程内容，副标题的字号可以稍小一点。

第二个要素是导师介绍。现在市面上有那么多课程，网络上根本不缺学习的渠道，不缺获取知识的资源，别人为什么要来上我们的课呢？我们的课和其他课最大的区别是我们自己。学员来上我们的课程，一定是冲着我们来的，这就是我们做个人品牌的原因。

海报上一定要有导师的介绍和照片。照片是我们作为一个导师需要展示出来的专业形象照，除非我们的课程是讲一些兴趣爱好类的内容，比如摄影，那可以是自己有特色的生活照。如果我们的课程是比较专业的课程，建议大家准备一张好看的专业形象照，这个照片会用在很多地方，而且最好挑一张照片用于所有的个人品牌宣传，这样别人更容易记住我们。

导师介绍这一栏除了照片，别忘了自己的昵称和3～5个标签，标签一定是可以给我们的课程背书的标签。比如我们的课程和家庭教育相关，我们可以写自己是两个孩子的妈妈；如果我们的课程与企业培训相关，就不要写自己是两个孩子的妈妈了，因为这个标签和课程主题没有关系，显得很多余。

第三个要素，课表目录。即我们前面准备的课程大纲，而且这里一定要注意目录最好能够排版整齐，海报才会好看。

第四个要素，适合人群。如果不写适合人群，客户看到海报以后可能觉得跟自己没有很大关系，而如果写了适合人群，他可能就会自我代入，思考自己是不是正好需要这门课。

第五个要素，学习方式。我们想要减少客户下单前的顾虑，就要在海报上讲清楚课程是如何学习的，是录播课还是直播课，有没有回放，有没有社群陪伴，有没有答疑等。

第六个要素，报名方式，最后一定别忘了加上我们的联系方式，比如微信二维码，这样方便别人帮我们传播。如果是有自己的课程平台，也可以直接放上课程的购买二维码。

第七个要素，定价。可以直接把价格放到海报上，如果客户觉得贵了，这类客户就会自动被海报的定价筛选掉，如果看到价格还来咨询，那就说明这个定价他是接受的，这样就已经用海报筛选出了付费能力强的高净值用户，就不需要跟他们进行一对一询价了。

我曾有学员找我咨询，说担心自己的课程定价太高，没人埋单，所以不敢在海报上放价格，结果他收到的课程咨询大部分也确实是觉得价格比较高。每次别人私信咨询，他报了价格以后，对方总是会讨价还价，或者说"再考虑一下"，然后就没有下文了。

为什么呢？如果海报不放价格，别人就算是有兴趣都懒得私信去问，除非他非常有兴趣。而非常有兴趣的人自己会有一个心理价位，而我们是通过私信向他报价，不是在一个公开的场合，他可能会觉得我们的价格是随便报的，或者还有商量的余地。所以，在海报上定价格，就可以直接筛选出跟我们的课程匹配的高价值客户了。而且价格一目了然，也不存在讨价还价的余地。

除了以上7个要素之外，还有3个可选要素。

第一个是开课时间。为什么这个不是必备要素呢？因为课程如果是录播课，那就没有开课时间，学员随时报名，随时可以学习，所以也就不一定要在海报上写开课时间。如果是直播课或者是训练营的话可以加上开课时间。

第二个是课程亮点。如果我们的海报篇幅够大的话，可以加上课程亮点。比如我们的课程有多少天社群陪伴，是否有一对一私信答疑等，这些亮点可以加上去，更吸引客户。

第三个是学员好评。如果我们之前有积累一些老学员的好评，就可以放在海报上，如果是第一次做课程，要有意识地在自己第一期课程里去积累学员好评，这样在推出第二期课程的时候就可以把学员好评加到海报上去了。

以上是我们制作专业优质海报的要素。除了要注意关键要素之外，海报的主色调最好是一致的，未来我们有其他更多课程的时候，可以选用视觉效果一致的模板来设计海报，这样我们的个人品牌就会更有我们的特色，更容易被人记住。

7.2.6　凸显你的个人品牌魅力

能否在课程里突出自己的个人品牌魅力，是学员上完你这门课程，还愿不愿意继续跟你有连接，未来是否会继续学习你的其他课程的关键因素。因此，一些自我介绍和产品介绍是需要穿插到课程里的。

1.开课前的自我介绍

如果你正在做你的第一门课程，或者是流量课程，那么一定要在课程的开头放上你的详细的自我介绍。

做个人品牌，你自己才是你真正的卖品。因此所有产品的聚焦点其实都要回归到你自己身上，比如你与众不同的地方、你吸引人的经历、你独特的技能等。你才是你的整个课程的精华。

打造个人品牌，就是在"卖"自己。如果你只是在卖产品，而不是在卖自己的个人品牌，那这款产品没了，客户就不会再找你了，或者他看到其他同款产品更便宜，就去买其他产品了。

你的第一门课程可能吸引的第一批种子客户也是私域里面已经认识你的人，但你依然需要向他们重新介绍一下自己，让他们能够重新认识现在的你，并且了解你为什么现在要做这门课程，你在这方面有什么优势，以及为什么他们要报名你的课程。

人都是在快速成长的，尤其是做个人品牌和知识转化的人，他们的成长会比别人更快。所以你在快速成长的同时，别忘了更新自己的信息，让你的客户和周围的朋友可以认识现在的你，而不是他们印象当中过去的你，这样他们才能跟着你的脚步一起成长。

所以，在第一门课程的一开始，要先详细介绍你是谁、你的个人品牌标签、你过去的成就事件、你现在做课的原因和愿景，以及客户可以从你的课程里收获什么、你的课程和别人课程的区别等。先把你自己给"卖"出去，让客户对你产生兴趣，他后面才会对你的课程内容产生兴趣。

除了第一门课以外，流量课程一定要有自我介绍。流量课程的目的就是让陌生客户可以先认识你，了解你，试听你的课程，感受到你的价值，然后转化到你后续的产品中去，所以流量课程一定也要有详细的自我介绍。

做个人品牌要学会抓住任何营销自己的机会，把自我营销当成一种习惯。这样你的个人品牌才会更快地建立起来，植入人心。

2. 讲课中的自我介绍

除了开课前的自我介绍，还需要注意讲课过程中的自我介绍。你课程的最大特色就是你自己，所以课程的内容也一定是和你有关的。

学会多在课程中去讲你自己的故事、你的客户案例、你经历的事情，这样你的课程才是带有你的个人特色、个人价值观和个性的，而不是生搬硬套别人的知识，或者只是把冷冰冰的知识总结出来，再叙述一遍，这样的课程是没有温度的。

在课程中列举大量跟你有关的例子，一能帮助客户更好地理解课程内容，二能让客户更加了解你。

人都是有八卦心理的，你吸引来的客户报名了你的课程，说明他是冲着你报名的，你要满足客户八卦的心理，他才能对你越来越感兴趣，觉得你是一个特别的人。当你的客户觉得你很特别，会被你吸引，就说明你的个人品牌开始在他心中形成了。

3. 讲完课的产品介绍

讲完课的时候要注意介绍后续的产品。一般来说，到做课程这一步了，一种情况是你做的课程是你的流量产品，要把客户引流到你其他的系统课程或者你的一对一咨询等更高价格的产品上。那么在你做出来的流量课程的最后，千万别忘了介绍后续的产品，因为这个才是你流量课程的目的。如果不在课程后面去介绍其他产品，第一批种子用户就不知道原来上完了你这门课还有其他需要学习的。

另一种情况是这门课程不是流量产品，但也不会是你唯一的产品。比如你还有一对一咨询产品。那也可以在课程结束的时候介绍一下，如果客户还有其他问题，可以找你做一对一咨询，将其继续引流到你的咨询产品上。

获客成本是很高的，这不仅仅是指收获下单的客户成本很高，还指触达客户的成本也会越来越高。在竞争越来越激烈的情况下，让客户看到你的广告都变成了一件不容易的事情。

比如过去大家都花很多时间刷朋友圈，那么随便发一条朋友圈广告都能被很多人看到，能触达到很多人。但现在大家都在做朋友圈营销，所以愿意看朋友圈的人也越来越少了，大家都去看视频号了。那么如果你想让你的广告可以触达到更多潜在用户，就不能仅仅发朋友圈了，得做短视频、做直播，那么你就要再去学习剪辑和直播。而且做视频和直播付出的时间和精力肯定比发一条朋友圈要多，所以未来触达客户的成本一定会越来越高。

而现在，这些客户已经报名了你的课程，他们已经在你的课程可触达的范围里了，为什么不趁着这个机会去给他们介绍你后续的其他产品呢？如果你忘了在你的课程里面介绍其他的产品，那么你想要卖其他产品的时候，你就又要重新去营销，从零开始发广告，去触达新的客户，那么其他产品的获客成本又会继续增加。

7.3

如何获得课程的客户

7.3.1　借用问卷找到种子客户

第一批种子客户一般潜藏在现有的私域里，所以目前拥有人脉关系很重要。在做课程之前，可以先在朋友圈里筛选出潜在的目标客户，给他们发送一个调查问卷，调查一下他们在你的课程选题下遇到哪些问题，有哪些感兴趣的话题等。可以赠送课程的优惠券或者最后的调研报告作为填写问卷的回报。这样就可以通过问卷结果来筛选出精准的目标客户。尤其是想要获得调查问卷结果的参与者，说明他们对你的课程选题很感兴趣，那么他们就是最有可能购买课程的第一批种子客户。

1.问卷设计的要素

第一是基本信息收集。比如，姓名、电话、微信 ID、所在城市、职业、收入范围等。收入范围可能比较敏感，要看这个信息跟你的产品是否相关，如果没有太大的关系可以去掉，以免引起别人的反感。

第二是针对课程选题，调查别人在这个行业的经验，以及遇到了哪些问题。这两个问题是分开的，一个是行业经验，一个是遇到的问题。这样你可以对最后得到的数据进行交叉分析，也就是去分析拥有不同经验的人最主要的问题是哪些。这样就可以帮助你再去细化自己的目标客户。

"在××领域遇到什么问题？"可以是多选题，而不是填空题。为什么呢？这里其实是有提问技巧的。在发送调查问卷的时候，你的课程选题和大纲最好是已经做出来了。你经过对自己大脑知识的深度挖掘，对于自己可以在这个选题下面讲哪些内容已经比较清楚了，所以在问卷的这个问题中，你要把自己掌握的知识和能解决的问题列出来，让客户在你能够解决的问题范围里面去选择，而不是让他们自己去想、去写。

因为如果让他们自己去想遇到了什么问题，他们可能会想不清楚或者无法精准地描述出来，填空题会增加客户填写的难度。此外，客户自己去写的问题可能在你的知识能力之外的，你无法帮他们解决，这样的话这个问卷对于你的课程推广来说就没有任何意义。

比如你的课程选题是零基础成人英语口语课，你的大纲是围绕你擅长的发音、跟读、日常练习、自学方法等几个方面展开，只是你其实不是很擅长语法。

那么你在设计问卷的时候，问客户在英语口语上遇到了哪些问题，就可以先把你擅长的这些选项给他，不要设置语法这个选项，你只让他在你能够解决的这几个问题上做选择。因为是多选题，你最后可以设置一个选项叫作"其他"，然后让客户去补充除了自己还有什么其他问题。这样就不会把客户引导到你不擅长解决的问题上去。

第三个要素是设置多选题时先给出客户可能遇到的问题的选项，这是一种戳客户痛点的技巧。因为客户可能平时根本没想过自己有这个问题，但是看到你把这些问题都列出来了，他们就开始思考了，一思考就会发现："我好像真的有这个问题。"

　　例如，我曾经请一些教练填写问题做问卷，很多学习当教练的人自己都没想过找客户这个问题的障碍到底在哪里，只是觉得找客户很难。但是当我把非常具体的问题列出来，比如"不知道怎么给自己的教练服务定位""不知道怎么介绍自己的教练服务""不知道怎么定价""不好意思收费""觉得自己水平不够"等，他们就会发现："哎，这说的不就是我吗？"

　　然后再根据问卷填写情况，选择大家最想解决的前几个问题，把这个几个问题加入自己的课程内容。那么你的课程内容就跟客户的需求更契合了。

　　所以，做调查问卷不是为了去写一个行业报告，而是为了引导客户与你的课程产生联系。

　　通过前面的问题，你戳到了客户的痛点，接下来就要给他们关于这些问题的更多信息。因为他们可能刚刚才意识到自己有这个问题，那人们这个时候的第一反应一定是开始自我怀疑了："啊，原来我有这个问题？我怎么会有这个问题呢？这到底是我的问题，还是大家都会有这个问题？"

　　所以，设计问卷的第四个要素就是问客户："你想不想要这个问卷的调查结果？"

　　因为这个问卷针对的目标客户是同一类人，他们不仅想知道自己的情况，也会好奇别人和这个行业的情况，好奇到底这个问题是只有自己有，还是别人也有。那么，可以在问卷里加一个问题，问客户是否想得到问卷的调查结果，把想得到调查结果的客户拉进一个群，告诉他们等调查结果出来了，你会发到群里。你的课程的第一批种子用户就这样诞生了。

　　你现在提出了问题，客户也意识到了自己的问题，下一步要做什么？就是提出解决方法。所以，问卷的第五个要素是设置一个问题："如果有解决以上问题的课程，你是否愿意付费学习？"这里就给了一个明确的解决问题的方法：你来跟我学习。

如果客户选择"是"的话，可以送优惠券，如果选择"否"的话，也可以再问一下理由和原因。这样有助于你更清楚地知道目标客户群体解决这个问题的付费意愿程度，可以作为定价参考。比如，大部分人都不愿意付费，说明这个课程选题不是针对他们最需要解决的问题，那么就需要调整内容，或者先把课程定价设置得低一点。

以上五个要素是你在做课程这件事上设计问卷时要考虑的事情，但设计问卷肯定不是只包含这几个要素个问题这么简单，你要充分挖掘目标客户的信息和需求，设计不同角度的问题，启发他们的思考。我建议问卷的篇幅不要太短，也不要太长，控制在10个问题左右，最好大多是选择题，不占用客户太多时间。这样更有助于你收集到有效问卷。

2. 有效投放问卷

设计好了问卷，还要有效投放问卷。做问卷的前提是已经知道了目标客户是谁，然后把问卷投放给目标客户，而不是所有人。因此投放问卷的人群也是要筛选的，要筛选出真正能够为问卷问题提供客户视角反馈的人群。

要如何投放问卷，才能收获到更多数据？有以下几种常见方式。

第一种直接私信发给好友，别忘了附上一个小红包，因为私信发红包基本上没有人会不收，而收了以后大概率就会帮你填问卷，所谓"拿人家的手短，吃人家的嘴软"，所以可以发一个小红包意思一下。

第二种就是在微信群转发，但是要讲清楚你期望谁来填写这个问卷，以及问卷的目的是什么，不然可能不是你的目标客户的人也会填写，那收集到的就是无效问卷了。最好是在目标客户所在的微信群发问卷。

例如，我的课程针对的是教练，所以我只在几个教练群发我的问卷。因为我调查的是个人教练商业化的现状，所以我在发送问卷到群里的时候，也提到了问卷针对个人教练，而不是企业教练，而且我会把问卷调查结果发送给填写问卷的教练，所以大家很乐意填写，因为他们也想知道调查的结果。因此，如果你发放问卷的效果不好，其实就要思考，你是不是把问卷发错了对象。

第三种是让好友帮忙转发，也要告知好友你的客户画像，他才能帮你把问卷精准转发到目标客户手里。

第四种方式，除了私域上的好友微信转发，还可以通过自媒体渠道去找目标客户。比如我就收到过小红书粉丝的私信，邀请我帮她填写问卷，然后给我发了红包。这种方法也是可行的。

总之，你需要收集的是目标客户的调查结果，而不是所有人的。因此，把问卷发放给目标客户才是有效的。

3. 问卷使用技巧

收集到了问卷，要如何使用呢？这里写了一个流程供大家参考。

首先，你要做出一份图文报告，把问卷调查结果总结成一份报告。

然后，你可以把填写问卷时勾选想要获取报告的客户拉进一个微信群，然后把报告发到群里。接着你可以让他们邀请更多客户填写问卷并进群，因为数据样本越大，你的调查结果就越准确，所以你可以不断更新你的报告。

群内人数达到100人左右的时候，你就可以在群里做一场简单的分享了。你可以介绍自己，介绍你为什么要做这个调查，给大家讲一讲你调查之后的结果和总结等。也可以讲干货，告诉他们你是如何解决他们遇到的问题的，这个时候你是在和他们建立连接和信任。

最后，你可以引出自己的课程了，给一个群友专属的优惠价格，或者"早鸟"报名的优惠价格，把他们转化为你的第一批种子客户。

这个时候，其实他们的痛点需求已经被你戳中了，你做的课程正好满足他们的痛点需求，而且你在群里的分享引发了他们对你的好奇和关注，你们之间建立了最基本的信任，只要价格合理，基本上人人都会来听听你的课。

做问卷一定要有始有终，既然费心费力地做了，就要让它能够产出最大的成果。比如这个报告可以用来吸引潜在客户，可以作为你的流量产品，送给新客户当礼物，可以把调查结果拿出来，做线上公益分享，或者录一个短视频，还可以用来作为送给课程学员的福利等。

7.3.2 让客户持续增长

仅仅有第一批种子客户是不够的，想要可持续地发展自己的个人品牌，让精心打磨的课程不断有人来报名，就需要运用客户增长的策略，可以从以下几个方面来考虑。

1. 课程定价策略

课程定价要讲究策略。这里给大家介绍 4 种定价策略，大家可以有选择地去尝试一下。

第一种是"早鸟"优惠价格。你推出自己的课程，如果定好下个月月底开课，可以设置为客户在这个月报名的话就可以享受"早鸟"优惠，这样就可以鼓励大家尽早报名。

第二种是限额优惠，就是限制享受优惠的名额。比如报名前10名享受一定价格，第11名到20名享受一定价格等。用这种限制名额的优惠方式促进客户抢先报名。需要注意的是，一定要在你的社群或者朋友圈预告优惠名额还剩多少个，这样能营造一种紧张的抢购气氛。

第三种是买赠。比如我的课程有时候会有直播间购买优惠，客户在直播间购买一个课程可以获赠别的课程，或者购买课程送我的一对一咨询服务等。大家也可以尝试用买赠的方式吸引更多人下单。

第四种是团购。团购是一种让老客户带新客户进来的方法，比如一个人购买课程，价格是2000元，和好友组团报名的话，每个人只需要花1500元。那么想买这个课程的学员很可能会去找人组团，无形中就是在推荐和营销你的课程。

如果你担心自己的课程首期报名人数太少，你可以在宣传上加上一句"满10人开班"。如果人数没有满也没关系，可以继续招生，人数满了以后再通知大家开班的时间，这样已经报名的人如果想要早点上课，也会邀请好友来报名一起学习。

以上是最常见也最好用的课程定价营销策略，大家可以都去尝试一下。

2. 让客户期待你的课程

我们不仅需要让客户下单购买课程，还需要让客户期待你的课程，这样他们才能带着这份期待更好地投入到课程学习当中去。如果没有期待，很多人的兴奋和激动的心情在付款的时候就消散了，可能开课了也不会去听，不会去学习，那么你的课程对客户来说就是没有效果的。虽然你这一次收到了钱，但是他们肯定不会再买下一次，因为他们可能意识到了自己买了也不会去学习你的课程，最后不过是浪费钱。

虽然说这可能不是你的问题，是客户自己的学习动力不足，没有按时参与课程学习，但是最终导致的结果就是学习效果不好，而学习效果不好就说明老师的课程内容或课程设计肯定是有欠缺的。你要从自己的身上找原因，尽可能去避免不好的结果。

如何才能提升客户的出勤率，提升他们的学习效果？你可以站在客户的角度上去思考问题：什么样的课程你会很想去学，并按时去学？上什么样的课程你的学习效果会很好？

第一，这个课程的内容一定要非常吸引人，有很多干货，能让你学完就有所收获，并且正好包含你所需要的技能和知识，那么你肯定会按时去学习。并且你学完以后就能去行动和应用课程中的知识，应用过程中有问题还能得到解答，那么学习效果就会好。

这说明你在设计课程内容的时候，一定要保证课程有干货。在宣传课程的时候，要针对真正需要这门课程的客户。在设计课程交付的时候，要有个性化答疑和辅导的环节。

那么在客户下单之后，想让客户对课程有更大的期待，你可以做的一件非常有效的事情，就是课前的一对一访谈。你可以抽十几分钟的时间和每个客户通一个简单的电话。

可以在电话里了解一下他们的情况，他们想从课程中收获什么，他们在开课之后是否能够按时学习和完成作业，有没有什么困难是你可以帮忙解决的，等等。

这样做有几个好处，第一，每个客户的情况你都了解了，可以在课程内容里针对他们的情况进行一些调整；第二，一对一的沟通能够快速建立人与人之间的信任，一次十几分钟的通话让客户和你的距离更近了一步；第三，客户对你以及你的课程也有了更多的了解，会知道开课后要怎样学习才能有更多收获，就可以提前安排好他们的时间。

那么自然而然，他们对你的课程也会更期待，会在你开课的那段时间把课程学习优先放到他们重要且紧急的任务清单上。

如果你的客户人数很多，你可以用调查问卷的方式了解客户，如果你的客户人数不多，我更推荐用一对一访谈的形式。因为语音沟通比文字沟通效果更好，而视频沟通又会比语音沟通效果更好，如果能够面对面沟通，效果肯定是最好的。

第二是预热宣传你的课程。每一期课程正式开课之前，应该至少有2～4周是集中预热宣传期。这个时期你要高频次地发广告，全方位地去讲解你的课程为什么值得购买。

去看看现在的"618"、"双11"购物节，都是提前一个月就已经开始预热宣传了。如果等到当天再开始宣传，就已经晚了。所以你在课程选题大纲定下来，海报雏形做出来的那一天，就应该开始预热宣传了。

持续、集中的宣传能够让客户对你的课程更加期待，前提是你的宣传广告不是重复的。你不能每天发同样的文字和海报，不然客户很快就会疲劳，觉得已经知道了，没什么新意，不会再去看了。

所以哪怕只有一张课程海报，文字也可以从多个角度去写，比如你这个课程的内容为什么这样设计，你的课程和其他课程的区别，你课程的学习方法是怎样的，你课程里的某一个具体的知识点为什么这么重要等。除了海报，你还可以配上其他和这个课程主题相关的图片。比如你的课程主题是家庭关系，你就可以配上自己和家人的照片，围绕你的家庭关系写一个文案，然后附带介绍一下你的课程内容。

花式发朋友圈是最简单的营销方法。如果你连几十个字的朋友圈文案都没办法变着花样去写，那么写长文案就更难了。所以高频发圈，宣传预热，也是在锻炼你的文案内容力。

在预热宣传期，至少要做到每天早、中、晚发 3 条朋友圈。因为现在大家看朋友圈的时间越来越短了，你早晨发的朋友圈，别人中午很可能看不到了，因为他中午可能就刷朋友圈一两分钟。所以你要错开不同的时间段去发朋友圈。如果是重点营销，更需要铺天盖地集中发广告。例如，你今天发一条朋友圈，别人可能看到了，但是没有在意。然后你过了几天才又发一条朋友圈，可能别人看都没看见，这个事情完全被遗忘了。如果临近开课了，你可以更加集中地去营销，一天发 10 条朋友圈都可以。

人们从接收一个新鲜事物的信息，到了解它，对它感兴趣，再到激起购物的欲望并去购买它，是需要一个过程的。这个过程里，人们需要高频率地接收这个事物的相关信息，对它的认知才会一点点被打开，一点点去接受它，最后开始越来越有兴趣。这就像男孩子去追陌生的姑娘，做的第一件事是什么？就是在这个姑娘的眼前晃来晃去，增加偶遇的机会。因为当你不断遇到一个人的时候，你自己都会觉得："我们怎么这么有缘分？"这和你做高频次的宣传营销是一回事。

第三是晒图和晒单。只要有客户下单，你就晒一下单，有之前一对一咨询的好评，你就晒客户咨询的好评截图。总而言之，就是要让别人觉得你做的这个课程是受欢迎的，是有受众并且很火爆的，他们再不买就要错过优惠了。并且也会让已经购买课程的客户觉得没买错，有这么多人跟他们一样买了，他们就会对这门火爆的课程更加好奇。

第四是在开课前先讲一节公开试听课，这样感兴趣但还在犹豫的人就可以先免费试听，可以先了解你的课程的具体内容。在试听课上一定要讲干货，不能一直绕弯子，要让客户在试听课上就觉得已经很有收获，那么他们才会对你正式的课程更加期待。

3. 用自媒体精准引流

如果你开始做自己的课程，进入知识付费的赛道，那么做自媒体的目的一定要搞清楚，你不是通过自媒体转化，而是要把客户引流到你的课程中来转化。因此你做自媒体的目的不是涨粉，也不是做账号，而是引流。

我的自媒体平台的粉丝量都不是很多，但是很多客户都是通过自媒体找到我的。我的另一位私教学员从开始做小红书才不到100 粉丝的时候，就已经有客户通过小红书转化到她的一对一教练服务上了。

大家都知道要做自媒体，要做公域流量，但是很多人做着做着就忘记了自己的目标。如果你的产品是知识服务，比如一对一咨询或课程，那么你做自媒体的目的不是涨粉，而是给自己的私域引流。比如你做小红书，你的产品是职业规划课程，那么你做小红书的目的是让更多人报名你的课程。他们如何才能报名你的课程呢？如果你还没有在小红书上开通专栏课程，那么只能先把粉丝引流到你的微信上，再进行销售转化。

小红书的粉丝为什么要报名你的职业规划课程呢？他们是觉得你的小红书内容做得非常好，你讲的知识点正好是他们所需要的，他们能够从你的输出内容里感受到你在职业规划上是一个非常资深和专业的人，而且你看起来面善，有亲和感，所以他们才会想去连接你，跟你学习。

所以吸引粉丝转化到私域的关键，第一是优质、专业的内容，是通过视频或图文内容突出你在定位领域的专业性，并且展现出你个人的性格特色和魅力。只要把内容做好，把最真实的你通过内容展示出去，那么你的粉丝转化率就会很高。你追求的应该先是优质内容和高转化率，然后才是流量和涨粉。

知识博主做自媒体的第一个重点是人设展示，你的内容要让粉丝感受到创作者是一个活生生的人，而一个活生生的人一定不是完美的，他有自己的价值观，有自己的喜好，有自己的人生经历，这些都是你需要通过自媒体让粉丝了解到的。当粉丝能够通过你的自媒体对你有了足够多的了解之后，他们被你的人生经历和价值观所吸引，这个信任就已经建立了。

第二是干货分享，要让粉丝觉得你是一个有干货的人，他们跟你连接是可以学到东西的，你在自己的定位领域是专业的。所以自媒体上80%的内容都应该是定位领域的干货分享，因为这个才是对粉丝而言最有价值的内容。

第三是产品介绍，可以偶尔在自媒体分享里穿插一下小广告，让粉丝知道你提供什么产品和服务。如果你一点广告都没有，他们就不知道还可以在这个领域付费找你帮忙。广告不能太多，但一定要有。

第四是建立信任。在自媒体平台如何和粉丝建立信任？除了前面讲到的要展示真实的自己以外，还需要做的就是互动。自媒体平台是一个单向输出的过程，但你可以在评论和私信里去和粉丝互动，让粉丝感受到你的温度。

4. 设计自动成交的私域矩阵

对于从公域转化到私域来的客户，如果想要顺利成交，还需要设计好自己的私域矩阵。和客户加微信之后，不需要花太多时间介绍和营销，他们会自动被你的产品吸引，并自动下单。

因为我是一个内向型的人，不太擅长闲聊，非常注重沟通的效率，所以我没办法忍受一个客户在微信上问我一大堆问题或者跟我闲聊，因此我的大部分客户引流到微信上后都是自动成交的，也就是我会直接扔给他们一个下单的链接，所有关于服务的介绍都在链接里，他们不需要私信问我细节问题。因此，我的私域成交上非常省心、省时间。

有的人可能会觉得："你不跟客户聊天，怎么建立信任、建立感情呢？他们又怎么会自己去下单呢？"下面我来跟大家拆解一下我的私域矩阵自动成交模型。

首先是微信好友。自媒体粉丝已经通过内容对你有了一定了解和信任，那么这时候引流到微信上，如果是他主动要求添加微信的，很有可能就是直接来下单的。如果他暂时没有下单的需求，那么也可能因为很喜欢你，所以想要加你的微信，和你有更多的连接，或者想咨询你几个问题。如果是简单的问题，可以直接回答，但如果对方的问题比较复杂，可以直接给对方你的一对一咨询的下单链接。

可能有的人会觉得一上来就谈钱太伤感情。但是，做知识付费，时间就是成本，你自己要有一个底线，根据对方提问的内容去判断，这个问题是在你的咨询范围以内，还是可以把他推荐给其他人去咨询，这个问题需要花费多少时间来回答，回答了之后对方会不会不断提问，占用更多的时间。

例如，我把很多想咨询新西兰留学移民问题的粉丝推荐给专业的留学移民顾问。虽然他们的问题我可以回答，但这个并不在我定位的咨询范围之内，所以我宁愿放弃这部分客户需求。还有一种情况是，有一些人是没有边界感的，他会一直不停地私信问问题，对于这种情况我会拒绝回答，直接让他下单我的付费咨询。包括我的私教学员也是一样，如果是约定时间以外的咨询，我们需要在15分钟以内解决，这样就保证了大家来找我咨询是带着问题来的，并能高效地解决问题，而且我也不会随时被打扰，能够保证我自己的时间是完整的，而不是被无数条微信消息切割成了碎片时间。

如果你在知识付费这个领域深耕，你的客户越来越多，你会发现你的咨询时间是非常宝贵的，只能够帮最高价值的客户去最高效率地解决问题，这样你才是最高效地利用自己的时间。

你要学会尊重自己的时间，只有当你真的觉得自己的时间很值钱，你才能做好时间管理，而不是把大量时间浪费在各种琐碎的事情上。

从公域来的粉丝加了微信后，需要做好备注，在别人再次联系你的时候，你就知道他是在哪里认识你的。如果你有自己的粉丝群，也可以邀请他进入你的粉丝群里，方便未来进行精准的目标客户营销。如果你用福利来吸引别人加你，那你可以送你的公开课、汇总的知识干货等。

把公域粉丝引流到微信好友上，就可以让还在犹豫要不要下单的粉丝能够通过你的微信生态圈更了解你和你的产品。

比如经营好你的朋友圈，公域粉丝加上你的微信之后，做的第一件事情往往是去看你的朋友圈，因为他对你好奇，加你的微信就是想对你进行更深入的考察。除了朋友圈以外，还有视频号。如果你有做视频号，他们看完朋友圈还会去看你的视频号，如果你的视频号有绑定小商店和公众号，那么他们就会自然而然地通过视频号看到你的小商店的商品，以及你公众号的文章。

当他们把这些内容都看完，如果对你的产品有需求，很有可能会自动成交。当然，前提是你微信生态圈的内容足以让客户对你和你的产品产生深度的了解和信任。

这就是搭建微信生态圈的目的和意义。当你在朋友圈里频繁更新你的生活状态，展示生活中最真实的你，偶尔发一下你在做的专业领域和相关的知识产品；当你的视频号定期更新专业知识视频，在你的小商店里有之前积累的客户订单和好评；当你的公众号里有你对生活和专业的深度思考；当你自己有一个非常温暖的粉丝社群，当你还会做直播来更近距离地和粉丝互动沟通……还需要担心转化到私域里的潜在客户不会成交吗？

微信生态圈搭建好，你从公域吸引来的人就会自动成交，你现在发的每一条朋友圈、做的每一条视频号视频、写的每一篇公众号文章，都是为未来潜在客户的自动成交在打基础。不要只看到眼前的得失，打造个人品牌是一个长期积累的过程。

最后是下单平台。建议大家选择一个平台来让客户下单，比如微店、视频号小商店、小鹅通等，尽量不要直接用微信收款。

一个原因是客户多了之后，私信转账会容易遗漏；另一个原因是不方便积累案例。大家购买同样的产品会去对比，去选择销量最多、好评最多的那个，所以你如果能够在平台上展示自己积累的订单量和客户好评，是非常有利于新客户下单的，这就是为什么我推荐大家用平台去接单，而不是直接用微信收款。

从整体上来回顾一下私域矩阵的搭建。把从自媒体平台上引流进来的潜在客户添加到微信上，不必急着去营销，因为如果你的自媒体内容已经清楚地介绍了你自己以及你的产品，那么对方添加你一定是带着目的和问题来的，会先抛出他们的目的和问题。

比如有精准需求的客户，他加你就是为了购买产品，一上来就会直接问价或者下单。如果是还在犹豫，只是对你好奇的客户，他加你就是想先多了解一些产品信息，再多观察一下你。还有的人可能是暂时没有需求，就是因为喜欢你，对你好奇，所以加了你的微信。

如果把微信生态圈比喻成一家店铺，那么你其实要做的就是运营好自己的店铺，朋友圈、视频号、公众号、小商店、社群、直播，这些就好像是你的店铺装修和布局，能够让人一进店就知道店里是卖什么的，每样商品有什么功能，价格是多少，之前有多少人买过，老客户的反馈如何。

只要别人进到这家店里，他们想要的信息都能很容易找到，然后再设置自助结账功能，就相当于下单平台。那么就不用挨个去私聊客户，只要能让客户进到微信私域里，在这个店里待着，留住客户，然后把店铺的氛围、装修、布局做好，产品做得吸引人，那客户迟早会购买产品。

做私域矩阵，重点在于自动成交。当你的客户越来越多，如果每个人在成交前都有一大堆问题来问你，那么你根本就服务不过来，你的时间和精力只够用来做售前客服。所以大家可以从长远出发，提前布局自己的私域矩阵，持续输出内容，提前装修好自己的店铺，这样就可以安心地坐在收银台了。

5. 让客户主动裂变课程

如果你的产品和服务让客户觉得超值，你的课程让学员觉得特别有收获，他们会乐意去推荐你的课程给需要的朋友。但是你的目标不仅仅是让客户去推荐你的课程给需要的朋友，而是他们可以主动裂变，主动推荐你的课程，变成你的销售员。

那该怎么做呢？我把客户主动裂变课程背后的动机分成了4

类，分别是情感、钱、价值和面子。

第一类动机是情感。

最可能去推荐你课程的人，多半是你的亲朋好友，或者和你关系特别好的人，他们因为喜欢你、想帮助你，所以会主动去推荐你的课程。比如你的父母，他们以你为傲，那他们会非常主动地去转发你的广告，不求任何回报。他们这么做的内驱力是爱，是他们对你的情感。

所以你可以去找你的亲戚朋友，他们乐意帮助你转发课程广告。只要你开口，爱你的人基本上不会拒绝你，所以是最容易去主动推荐你课程的人。包括你之前的老学员或者老客户，如果你们已经成了非常好的朋友，他们也会出于情感而愿意自发、主动地推荐你的课程。

第二个动机是金钱。商业和人情交往一样，需要你来我往。如果你想要撬动别人的私域，那你就要学会主动为别人考虑，给别人分成。可以主动邀请别人来分销你的课程，分销也是一种转化方式，有一些人暂时没办法自己出课程，但是他们特别会营销，他们也有很强的个人品牌力。那么他们完全可以通过推荐别人的课程来转化，让自己多一个管道收入。因为不存在利益冲突，不同定位领域的人其实是可以互相推荐对方的课程的。这其实也是一种被动收入来源。不用设计产品，不用交付，只用推荐一下就能拿一定比例的分成，何乐而不为？

分销推荐其实可以成为每个人的管道收入，大家做个人品牌一定不要不好意思谈钱。其实你可以主动一点去谈金钱上的合作。你想一下，如果你的学员跑来找你，说："老师，我觉得你讲得很好，我想把你的课程推荐给更多人，你能不能给我一定比例的分成呢？"你会不开心吗？这是天上掉馅饼的事，如果你的学员可以变成你的销售员，他们对你的课程又很了解，那就是活广告。

作为老师，主动给学员分销课程返佣的权益；作为学员，主动去找老师要分销课程返佣的权益。这其实是互利共赢的方式。

要学会用钱去驱动别人，同时也要学会用钱去驱动自己，处理好自己和钱的关系。钱是可以衡量的，人情是不能衡量的，宁愿欠别人钱也不要欠人情。做个人品牌切忌吝啬金钱，钱只有流动起来才更有价值。

第三个动机是价值。学员觉得你的课程物超所值，他们就会去主动推荐你的课程。

如何让学员觉得你的课程有价值呢？这是没有捷径可走的。一位老师去讲课，课程是否有价值的判断标准就只有一个，即这个老师的能力强不强。

如果一位老师真的能把一门课程做好，那么他的综合能力一定很强，而不只是足够专业。我发现很多老师很专业，自己的背景履历很光鲜，但是他的课索然无味，或者他肚子里有货倒不出来，不会输出。那么他的专业能力对学员来说是没有什么价值的。

所以做一门课程需要不断锻炼自己的品牌力、内容力、营销力、表达力、转化力，拥有这些可迁移的能力，不仅能做好一门课，而是能做好很多事情。

在价值驱动力上，你唯一可以做的是提高自己作为授课老师的能力。知无不言，言无不尽，把所有拥有的知识变着花样地讲出来，让学员能够听懂、消化、实践、应用，那么他们一定会收获到你课程的价值。

第四个动机是面子。比如你去上了一个很贵的企业家课程，认识了马云、马化腾，你大概率会发朋友圈，因为有面子，你和这些很牛的企业家成了同学。

那你的课程如何让学员感觉有面子呢？再举一个例子，比如你是针对小孩的英语私教老师，那么你可以在上课的时候录下来孩子的一段标准美式发音的视频对话，发给他妈妈，他妈妈一定会忍不住发朋友圈，因为孩子的学习成果让她有面子。

你还可以做高端社群，让学员觉得能够进入到社群里连接这么多厉害的人是一件有面子的事，你还可以给学员颁奖，给他们做非常好看的海报等。有了这些让别人觉得有面子的事情，他们就会主动去宣传课程。

7.3.3 让课程创造被动收入

我们都知道要先完成再完美。但完成之后并不是对这件事情就可以置之不理了，而是在完成之后要快速迭代升级，让不完美的地方可以慢慢变得更好，所以更新迭代的过程和速度也非常重要。

尤其对做课程而言，我们也许可以做一门课，卖 1 年，但不可能做一门课，卖 5 年、10 年，因为社会在发展进步，人们对知识的需求也在不断改变。

虽然做一门课程是实现被动收入的必经之路，但是绝对不是一劳永逸的事情，我也不会建议大家做一门课就一直卖。因为我们自己也需要不断学习，不断更新我们的知识体系，不断输出，才能跟世界和社会的发展同步，才能够把最新、最优质的内容带给别人。所以我们的课程也要不断更新迭代。

当我们做出了第一门课程，在这个基础之上去更新迭代就会容易很多。万事开头难，第一门课程的打磨是最难的，但有了第一节课，就可以通过学员的反馈来升级完善整个课程体系。

1. 利用学员的反馈升级课程

课程是服务于学员的，所以收集学员的反馈和建议是帮助课程更新迭代最有效的方式。那么如何收集学员反馈呢？一个是课程中的答疑环节，一个是课后的调研环节。

如果我们的课程就是录播课，也没有任何社群陪伴的助教活动，那么这个课程就是我们的单向输出，我们很难知道学员学完之后是否有收获，以及对课程有什么建议等。但我们可以搭配录播课送一次一对一咨询或者提供30天私信答疑的服务，这样就可以和学员有更深入的连接，收集到他们学习过程中遇到的问题，以及学习之后对课程的反馈了。

课程中的答疑是我们对课程内容进行查漏补缺的一种非常好的方式，学员听完课程后，在行动的过程中会遇到问题，这些可能是课程中被我们遗漏的知识点。如果很多学员都有同样的问题出现，那就说明这个问题是大多数人的需求和痛点，我们却没有将其添加到课程内容中去，那么下一期的课程就应该将其添加进去。

比如我在"个人品牌实操营"的课程中，发现有不少学员都不会做海报，或者做出来的海报有点惨不忍睹。那么我就发现，其实是我在课程里并没有明确告诉他们做海报的关键要素有哪些，后来我就整理了老学员的海报，做了一份海报迭代示范图，供大家参考。

课程结束后我们可以让学员们填写一个调查问卷，以此了解他们的收获情况、应用情况以及是否愿意把我们的课程推荐给别人等。收集学员对于课程的整体反馈，既可以掌握自己整体内容的设计、学员参与度，以及学员下一步的需求，同时也可以给学员传递一个信息：我们期望他们可以帮我们把课程推荐给需要的朋友们。

那我们收集到了学员的反馈，如何利用这些反馈去升级课程呢？难道要重新再录课程一遍吗？

如果课程主题不需要修改，只需要补充一些新的知识点，那么有两个方法，一个是社群加餐，另一个是直播加餐。

如果我们做的是录播课加社群服务这种训练营式的课程，那么在教学期间，维护社群的活跃度和学员的黏性是非常重要的。因为很多人做事情都不能坚持，可能上了一两节课，他的注意力就被生活中其他事情干扰了，没办法坚持学习。所以每天都需要维护社群，还需要设计一些社群活动，来维持住学员在学习期间的注意力。所以可以把新的课程内容放到社群里，作为一节分享课，或者作为一节直播加餐课，在课程学习中途跟学员有更多的连接和互动，从而拉回他们对这门课程的注意力。

如果是直播加餐课，还可以做成视频号直播加餐课，这样就可以触达更多的公域客户，吸引对这门课感兴趣的其他的潜在客户。

2. 打造持续转化的课程体系

在前面的章节，我们讲到了产品矩阵这个概念，也就是我们设计自己的知识产品的时候，最少要考虑 3 款不同目的的产品：第一个是流量产品，即可以大批量成交，触达大量客户的低价产品；第二个是信任产品，是和客户建立深度信任的产品，信任产品有时候也是我们的爆款产品；第三个是利润产品，也就是最高利润的高客单价产品，可以和客户有更深入和长期的连接。

那么在产品矩阵的基础之上，我们要思考现在做的这门课程属于哪一类产品，是一个引流的小课，还是建立信任的爆款课，或者是高客单价的私教课？

不同的产品，我们在宣传和交付的时候侧重点是不一样的。如果我们现在做的这门课程是一个流量课，那么引流才是目的，而不是盈利。所以客单价要低，门槛要低一点，才会吸引更多人报名，而引流进来之后，我们的目的是把客户转化到后面的爆款产品或者利润产品上，所以这个引流的小课在交付的时候要注意转化率，那么如何提高流量课的转化率？

第一，超值交付。引流进来上流量课的客户是还没有和我们建立信任的陌生客户，所以关键在于流量课交付的过程中要让客户觉得超值，这样他们自然就会信任我们，进而购买我们其他的课程。

第二，广告营销。在流量课里面，千万别忘了为爆款课和利润课打一下广告，让别人了解我们还有其他课程如果我们不告诉别人，那么客户就算有需求，他也不知道原来可以继续找我们学习。流量课的目的就是引流，是为后面的爆款课和利润课打广告的，这是营销的策略。

所以，在交付流量课的时候，就要已经有爆款产品和利润产品才行，也就是要有完整的产品矩阵。要提前想到学员上完了流量课，还可以将他们转化到其他产品上，这样才能留存住这些学员。如果只有一个流量课，但是没有后续承接流量的产品，那这个流量课就像是往湖里面扔石头，虽然讲得很好，能够溅起一小片浪花，但是石头很快就沉下去了，很快就会被客户遗忘。

如果我们不仅有流量课，还有后续的爆款课和利润课，那么我们的流量课就像是往湖里扔鱼钩，会不断有新的鱼被钓上来。而后期我们还要学会"一鱼多吃"，也就是学员不仅仅是我们的学员，也是我们的老师和合作伙伴。如果我们能够从每一个学员身上看到他的特质和潜力，那么我们拥有的绝对不仅仅是一个单次付费的学员，而是未来可以长期合作的事业伙伴。

刚刚开始做第一门课，我们可能会有些焦虑，只有一门课，但没有产品矩阵怎么办？不要着急，就算只有一门课，也是可以设计出产品矩阵的。首先要判断这门课到底是流量课、信任课或爆款课还是利润课。

如果是流量课，那么一定是快速交付的单价低的小课，那么我们后面可以把一对一咨询当成我们的信任产品，把上完流量课的学员引流到我们的一对一咨询上，然后把我们的多次咨询打包设计成一个私教产品，当成我们的利润产品。这样就形成一个可以持续转化的产品矩阵了。

如果我们现在做的课程是信任或爆款课，单价在 500～3000 元，那么可以把一对一咨询当成我们的流量产品，把多次咨询加上这个课程打包设计成我们的私教产品作为利润产品。但是一对一的咨询占用的是我们的单位时间，我们是很难用一对一咨询去大范围触达客户，实现批量交付的。所以此时还可以把一对一咨询换成一次线上公开课，尽量让我们的单位时间能够实现一对多的批量交付，这样转化的效率才会更高。

如果我们现在做的课程是一个非常系统全面的利润课，单价几千元，那么，在利润课的前端一定要有大量的一对一咨询作为的信任产品，因为一对一咨询可以让我们接触到第一手的客户信息和市场需求，是保证我们花了大量时间和精力打磨出的利润课能够卖出去的关键。如果刚做课程就想做一个全面系统的利润课，那么前期一定要花时间在客户和市场调研上，不能闭门造车，不然我们的课可能会脱离市场需求，卖不出去，我们的时间和精力也浪费了。

3.用一门课程创造被动收入

我们可以把同一门课程的内容拆分成不同的交付形式，来实现多管道的被动收入。

第一是音频课，可以把课程体系里简单的知识点拆解之后做成音频课。音频课作为一个引流小课，也可以放在自媒体上作为为自己引流的内容。

第二是录播课，录好的课程可以随时随地招生，直接给学员发布课程，让他们自己学习就可以了，省去了我们额外服务的时间。同样，现在有很多平台可以上架自己的课程专栏，如果我们有自己的录播课，也可以尝试上架到不同的平台上售卖。

第三是直播分享，当我们经过知识梳理，做出了一门专属于自己的课程，此时我们已经在这个选题领域有了自己的知识体系，我们就可以在现有的知识体系里不断地细化或者补充，把这些内容做成收费的直播分享，或者去建一个收费的社群，在社群里定期进行这个选题的直播分享，来实现转化。

第四是收费专栏，辛辛苦苦做出了一门课，如果我们有课程内容的逐字稿，那么这些文字内容完全可以修改一下，做成一个收费专栏，放到文字自媒体平台售卖。

第五是出书，普通人如何出一本自己的书呢？我认为，我们先要能做一门属于自己的课。因为出书和做系统课程的过程是非常像的，当我们可以做出一套自己的体系课程，那么课程里的知识内容也可以整理出来，去出一本书。

当我们做完一门课程，课程内容所展现的就是属于我们自己的知识体系，用"一鱼多吃"的思维，把这些大脑里的知识内容变成多种方式分享出去，来实现多管道的被动收入。做课程对于在知识赛道上打造个人品牌的人来说，是一件一本万利的事情。

第 8 章

·· EIGHT

个人品牌：心法

8.1

如何用个人品牌找到人生使命

做个人品牌的第一步是找定位，但找定位的第一步是什么呢？是找到我们的人生使命。因此，在我们打造个人品牌，发挥自己的潜力优势，创造个人价值，其实就是在用行动去探索自己的人生使命。

为什么很多事情我们无法坚持？比如小时候想学钢琴，结果钢琴买回来学了几个月就放弃了；长大后想学健身，结果办了一张卡，去了几次就不想去了。现在是知识付费的时代，每个人都曾因为兴趣报过不同的课程，还有很多人花了很多钱报课学习，结果全都没有坚持下去。

很多人会怀疑自己是个没有毅力的人。但也许半途而废并不是我们本身有问题，而是我们没有把这件事情和我们的人生使命联系起来。

8.1.1 IKIGAI理论

如何找到自己的人生使命？这是很多人一生都在攻克的难题。

日本有一个非常有名的 IKIGAI 理论，这个词没有对等的直接翻译，中文可以理解为生命的意义或者活着的价值，也可以理解为让你每天起床的理由。能够找到自己的 IKIGAI 的人，生命的每一天都是充实而快乐的，也就是每天被梦想叫醒，满怀期待地醒来。

IKIGAI 模型（图 4）里有 4 个彼此相交的圆圈，分别是你喜欢做的事、你擅长的事、你能够得到报酬的事和世界需要你做的事。不同圆圈的交集有不同的含义。

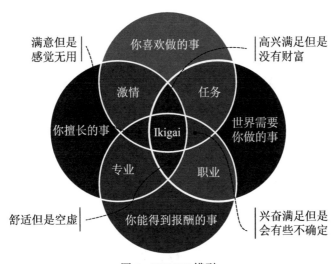

图 4 IKIGAI 模型

做自己喜欢又擅长的事情确实会很有激情，但做这件事如果只是自己喜欢和擅长，无法赚钱，也无法给社会创造价值，那么即便自己很满意，但是也会觉得这件事情是没有用的或者没有意义的。

做自己喜欢的事情，可以给社会和世界创造价值，会非常快乐、满足，但是如果这件事很难带给我们财富就需要三思而行了。毕竟经济基础决定上层建筑，温饱和生存问题是我们必须优先解决的。

用擅长的事情去赚钱确实比较轻松，但是有时又会觉得很空虚，会怀疑自己每天工作的意义。

一边赚钱一边去为社会创造价值，会感到兴奋满足，但是内心难免会不喜欢自己做的事情。

以上4种情况是现在很常见的多数人对当下工作的不满意之处和矛盾点。所以我们的IKIGAI——人生的使命，应该是4个圆圈的交集部分。找到那个我们喜欢、擅长、能够赚到钱、能为世界创造价值的事情，它才是我们的人生使命。

第一步，我们可以拿一张白纸，把自己在4个圆圈里对应的事情写下来。从喜欢的事情开始，写下所有喜欢做的事情。比如旅行、看书、爬山、写作、跑步等。

第二步，写下所有擅长的事情，比如平面设计、写文章、翻译、收纳等。

第三步，写下能够用来赚钱的事情，比如设计、社群运营、写文章等。

第四步，可以从以上3个圆圈里的事情中选出自己觉得能为社会创造价值的事情。那么，最后我们找到的合集，就是我们的人生使命。

找到自己的IKIGAI确实需要一个探索的过程。如果觉得很难，可能是以下两种情况。

第一种，我们过去经历和体验过的事情较少，所以还没有足够多的选择，还没有机会去遇到自己的IKIGAI。

第二种，我们尝试过很多不同的事情，但都没有坚持下去，没有等到它带给自己更多的体验和感受就放弃了。因此做这些事都无一例外地失败，而失败自然就会让自己觉得自己不适合做这件事。

8.1.2 创造一份工作

有的人会觉得 IKIGAI 模型比较复杂，很难去探索。所以我画了一个更简单直接的图（图5），帮助大家理解。寻找人生使命的过程，也是我们寻找个人品牌定位、寻找最适合自己的职业的过程。

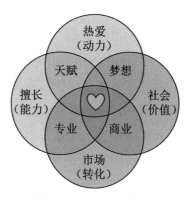

图5 寻找个人品牌定位

做个人品牌是一件长期的事情，想要能够坚持下去，就一定要让个人品牌和自己的人生使命一致。去找到那件我们擅长的、热爱的、能够赚到钱、还能够为社会创造价值的事情，将天赋、梦想、专业和商业结合起来，去创造一份最适合自己的工作。

做一名专注于个人品牌的人生教练是我的 IKIGAI，它让我感受到了每天被梦想叫醒，每天满怀期待醒来的幸福。个人品牌人生教练，是我给自己创造的一份工作。

过去我们都说"三百六十行，行行出状元"，只要我们能够在自己的专业领域持续努力精进，都可以去实现自己的梦想和价值。现在随着互联网的发展，新型职业不断涌现，很多人毕业后从事的工作可能和自己所学的专业毫不相关，在职业发展的过程中进入一个全新的领域并从头开始，已经不稀奇。

我们不一定要把自己限制在所学的专业领域里，去纠结哪一个工作最适合自己，而是要学会顺应市场和社会的发展，积累可迁移的通用能力，探寻内心热爱的事物，调动拥有的资源，去创造一份最适合自己的工作。

我们大多数人生命的前22年都是被安排好的，从小学到中学，再到大学，只需要做好读书升学这一件事，其他都不用操心。因此，当我们突然从象牙塔出来的时候，没有人给我们安排接下去的路的时候，我们会突然不知道该往哪里走了。好像有很多选择，但又好像没有选择。最可怕的就是，我们不知道哪一个选择才是最好的，害怕选错路，因为没有人能够告诉我们哪个行业未来发展更好，哪个工作更适合我们。

很多人在22岁才开始思考自己生命的意义和方向。甚至有一些人大学毕业后被安排了工作，所以可能人到中年，遇到一些需要自己做选择和决定的事情的时候，才开始感到迷茫，才开始有机会去思考自己生命的意义和方向。

所以，一个人的年龄并不能作为衡量他成长的唯一指标，一个人真正的成长，是从他遇到挫折，开始自主思考自己生命意义和方向的时候开始的。从那个时候起，我们的命运才开始掌握在了自己的手中。

成年人不需要通过算命去预测未来，只需要看看自己的时间和钱都花到哪里了。在使用这张定位图去寻找自己的人生使命的过程中，很多人会被自己欺骗。

嘴上说着的自己很喜欢的事情，过去是不是投入了大量时间精力去学习和尝试呢？比如我们说自己喜欢读书，那么我们一年到底读了多少本书？每读完一本书是否有进行思考和总结？

我们觉得自己擅长美学设计，那我们过去是否投入了足够多的时间和精力去学习设计？有哪些引以为傲的作品？我们认为自己有当人生教练或者心理咨询师的天赋，那么是否专门去学习钻研专业的知识，积累了多少时长的实战教练咨询对话，又是否积累一定数是的案例。你说你想做个人品牌，实现自由人生，那你能不能有克服困难的决心，有没有花足够的时间与精力去积累和行动？

过了 30 岁，一切没有行动的热爱都是自欺欺人的热爱。一切没有结果的擅长，都是自以为是的擅长。

热爱是我们发自内心，克服再多的困难也想去做的事情，而不是受到别人的影响，随波逐流去做的事情；擅长是我们通过努力而积累的成功经验，而不是通过出身与天赋测试去推算出来的方向。

有的人觉得自己找不到热爱或擅长的事情，其实我们应该先去分辨一下，自己是真的找不到，还只是不够努力而已。

8.1.3　设计自己的第二曲线

有的人可能会发现，自己正走在错误的道路上，比如正在做着不喜欢的工作，或者所做的事情与自己内心向往的生活不符，又或者当下很没有安全感，随时担心生活和事业会发生未知的变故，那么该怎么办呢？答案就是，设计自己的第二曲线。

世界上任何事物的生产与发展，都有一个生命周期，并形成一条曲线。在这条曲线上，有起始期、成长期、成熟期、衰退期。为了保持持续增长的生命力，就需要在衰退期到来之前，开始一条新的曲线，即第二曲线（图 6）。

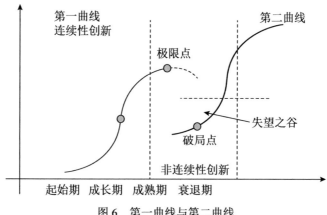

图 6 第一曲线与第二曲线

我们也需要去设计自己人生和事业的第二曲线，才能够保证自己持续不断地提升，在成长的路上前行。

管理学大师查尔斯·汉迪在阐述他的第二曲线理论的时候说道："当你知道你该走向何处时，你往往已经没有机会走了。"这就好像别人给我们指路，告诉我们前面第二个红绿灯过了之后，在第三个路口左转。可是当我们走过第二个红绿灯，心里数着路口，往往在经过了第三个路口的时候，我们才意识到自己已经错过了左转的机会。

因此，如果我们等到被时代淘汰，所处的行业已经衰退的时候，才开始去设计自己的第二曲线，往往已经太晚了。想要让自己永远保持核心竞争力，就要在自己的事业进入平稳成熟期的时候开始设计第二曲线，探索新的可能性，也就是打造自己的个人品牌。

第二曲线不仅告诉我们，想要获得持续发展，就要不断开辟新天地，设计出适合自己的发展需要的新曲线，同时，这条曲线是一个很具体的工作目标和努力方向，而不是一个空泛的理念，它需要我们去不断尝试和行动，才能最终形成第二曲线。

在尝试和行动的过程中，我们可能会经历很长时间的"失望之谷"。这时候我们的努力并没有带来什么变化，很多人会因为努力没有结果而选择放弃。实际上，我们所做出的努力只是被储存起来了，当到达一个临界点，突破"失望之谷"的时候，努力的结果会突然显现出来。一切看起来毫不费力的成功，背后其实都是日复一日的努力。

如果我们觉得自己当下做的事情和人生目标不相符，那么就尽快设计我们的第二曲线，让自己可以有机会通过另一条路实现人生目标。如果我们找到了自己的IKIGAI，那么就应该朝着这个方向去设计自己的第二曲线，找到适合自己的职业方向，从副业或个人品牌创业开始入手，实现自己的理想人生。

在这个变化莫测、充满挑战与未知的时代里，我们都应该将自己的事业乃至人生当做一次重要的创业项目来看待。第二曲线不仅仅是我们个人职场和收入的护城河，更意味着一个持续成长和发展的人生。

8.2
如何用个人品牌实现个人成长

做个人品牌是实现个人成长的最有效的方法。因为在这个过程中。你会不断探索自己的使命和方向，不断发现自己的优势和短板，不断快速学习输出、了解市场、迭代产品，不断克服内心的各种障碍，同时拥有强大的心理素质和高效的行动力，最终成功打造自己的个人品牌。

8.2.1 做个人品牌必经的5个阶段

普通人从 0 到 1 做个人品牌，都会经历以下 5 个阶段。

1. 第一阶段：迷茫期

在开始有个人品牌意识的时候，大多数人会很迷茫。一部分人是因为缺乏自信，过去可能从来没有想过自己有什么经验可以分享，有什么优势可以展示出来，觉得自己平平无奇，不知道从哪里入手去打造个人品牌。另一部分人是因为缺乏认知，并没有弄明白个人品牌是怎么回事，把个人品牌当作营销卖货，因此在一开始就走了弯路，不知道自己做个人品牌的意义是什么。

在这个时期，有的人会对个人品牌"敬而远之"，觉得自己不具备足够的能力；有的人会对个人品牌"嗤之以鼻"，觉得自己不需要，但内心又不太确定；还有的人会对个人品牌"视若珍宝"，觉得终于找到了跳出不满意的现状的方法，但是又不知道要如何做。

在刚开始接触个人品牌的时候，迷茫期是必须经历的一个阶段。在这个阶段，你需要大量搜集信息，了解它到底是什么；需要大量学习，知道别人是如何做的；需要有批判性思维，能够独立辨别哪些信息和知识是对自己有用的，哪些是不符合自己的情况的；最后经过信息和知识的层层筛选，拨开迷雾，找到自己做个人品牌的目的，并制定可行的计划，然后进入探索期。

2. 第二阶段：探索期

当你确定要开始打造自己的个人品牌的时候，就会开始考虑自己的品牌定位。而考虑定位的这个阶段，你会考虑到自己喜欢做什么，自己的专业经验有哪些，什么是市场和客户所需要的，以及从哪里找到你的客户……

有很多的问题会涌现，想要回答这些问题，离不开深度的内在探索，和对外的市场调研。在探索期，你会开始觉察到自己过去的时间和精力都花在了哪里，到现在自己有怎样的积累和收获，也会开始对市场和他人的需求变得敏感，开始去思考如何用自己现有的优势资源去匹配他人的需求，去为别人创造价值。

在探索期，你可能会有很多个想尝试的方向，有很多定位都想选择，不确定哪一个才是最好的。事实上，与其一直纠结，一直停留在探索期，不如选择一个方向先去行动，按照个人品牌地图的步骤，去打造一个最小可行性产品，然后去验证市场。这样你很快就会收到一些正反馈，进入惊喜期。

3. 第三阶段：惊喜期

大部分人最开始做出个人品牌的最小可行性产品，比如咨询类的产品，都是先从朋友圈开始发起宣传、吸引客户，有一些好奇的朋友就会被吸引来，开始体验和尝试，因为和这些朋友本身就有信任基础，因此他们也会比较容易在体验之后给出好评反馈。所以刚开始做个人品牌时，从熟人圈子里找到客户，并且收到好评反馈，不是一件难事，而且会给你很大的信心。

这时候很多人会觉得很惊喜，对自己做个人品牌的定位更坚定，趁热打铁，快速开始做营销，推广自己的产品。资源与能力比较好的人很快会拿到成果，而能力与资源相对弱一些的人，在熟人圈的客户都体验过产品之后，就会发现很难找到新的客户了。

无论是哪一种，最终都会在新鲜兴奋的劲头过了之后，开始进入疲惫期。

4. 第四阶段：疲惫期

明明花了很多心思打磨的产品，结果卖不出去；花了很多时间和精力写文章，拍视频，做自媒体，结果无人问津；每天花大量时间和客户沟通，提供服务，结果他们还不领情……

做个人品牌都会经历这个阶段，而这时候其实才是你真正开始看到自己的能力短板和商业缺陷的时候。

产品为什么卖不出去，究竟是产品的问题，还是自身销售能力不足？做自媒体为什么无人问津，究竟是内容的问题，还是选错了平台？现有客户为什么没有好的反馈，究竟是交付设计的问题，还是沟通出现了问题？

遇到了挫折，意味着你做个人品牌真正开始走向实现自我成长的阶段。处在疲惫期时，你会看到自己的能力短板、知识边界，然后才能够带着目标去学习和提升。

疲惫期的时间会比较长，在这个阶段里，你的收入可能会不稳定，你的情绪也会随着结果而时好时坏，这个阶段非常考验一个人的意志力和行动力。很多人做个人品牌，都是在频频遭遇挫折的疲惫期中选择了放弃。

5. 第五阶段：稳定期

当你经过了疲惫期的考验，带着目标去学习新的知识，用高效的行动力去解决遇到的难题，不断迭代和调整个人品牌地图中的每一步，你的个人品牌之路会越来越清晰，很多困难都会迎刃而解。当你的客户和收入开始慢慢稳定，尤其是你的心情不再容易受到外界的影响时，你会有强大的自信去解决任何难题。你对未来再次充满希望，但同时也对市场保持着敏锐的观察和未雨绸缪的警惕心。

在这个阶段，才是真正开始拥有了自己的个人品牌。

8.2.2　做个人品牌必备的4大能力

做个人品牌，其实就是把我们的知识和技能最大化地发挥出来，在输出中促成转化。很多人都知道，个人品牌等于专业能力加上商业能力。所以很多人要么专注于专业知识的学习，要么专注于商业技能与思维的提升。

但是过去我在教大家打造个人品牌的过程当中，发现大家明明是在同一起跑线，可能之前都没有了解和学习过个人品牌，但是有的人就能够在上完课之后快速行动起来，实现个人品牌转化，甚至通过个人品牌成功转型自由职业，用喜欢的事情开始创业。但是，有的学员也非常认真努力地学习，却很难做出成果，总是犹豫不决或者心力不足。

到底是什么原因让同样努力学习的人在学习之后产生了完全不同的结果呢？大家都是已经在社会和职场上打拼过多年的专业人士，能力都很强，但为什么做个人品牌产生的结果却是千差万别呢？

这时候，我想起了冰山模型。冰山模型是美国著名心理学家麦克利兰于1973年提出的一个模型（图7），它将个体素质的不同表现形式划分为表面的"冰山以上部分"和深藏的"冰山以下部分"。

其中，"冰山以上部分"包括知识和技能，是外在表现，也是容易了解与测量的部分，相对而言，也比较容易通过培训来改变和发展。通常我们在工作中被别人观察到的行为表现，都是冰山以上的知识和技能部分，我们打造个人品牌，本质上也是利用自己冰山上的知识和技能来创造价值，实现转化。

而"冰山以下部分"包括通用能力、个性特征、内在动机以及价值观等，是人内在的、难以测量的部分。它们不太容易通过外界的影响而得到改变，但对人们的行为与表现起着关键性的作用。"冰山以下部分"也解释了为什么拥有同样的知识和技能的人最后利用知识和技能产生的结果却千差万别。

所以，我们想要做好个人品牌，不仅仅要具备专业能力和商业能力，还要有底层的通用能力。此外，我们的性格、内驱力和价值观都是影响我们是否能够做好个人品牌的因素。因此，打造个人品牌这件事其实就是个人成长的一种方式，它会让我们看到自己的潜力和优势，也会让我们挖掘到自己的"冰山以下部分"，通过一步步的行动去突破自我，实现快速成长。

图7　冰山模型

在接触了几千名打造个人品牌的人之后，我总结了做个人品牌必备的4大核心能力。

1. 领导能力

是否具备领导能力不仅仅在职场上决定了我们的职业发展的高度，在个人品牌打造上也决定了我们的个人影响力和成就的大小。领导能力其实非常广泛，在个人品牌打造上，我们把它分为感召力、影响力、前瞻力、组织力和决断力。这 5 种领导能力对领导者而言都非常重要。

感召力是最本色的领导能力，因为感召力意味着我们有独特的个人魅力，能够吸引周围的人向我们靠近或向我们学习，我们的个人使命感、道德修养、激情、知识以及个人形象都是感召力的一部分。如果我们没有独特的个人魅力，那么我们只能是一个管理者，而不是一个领导者，因此，感召力是处于顶层的领导能力。

但是，一个领导者不能仅仅追求成为完美的人，而是要能够带领团队和群体实现共同的使命和目标，因此领导者要具备前瞻力，能够规划未来的发展方向和路径，并且影响团队一起达成目标，共同前行。前瞻力和影响力是感召力的延伸，是处在中层的领导能力。

在实现目标的过程中随时都可能出现意外情况或危机和挑战，所以领导者不能仅仅为团队指明方向，还需要具备组织力和决断力，在紧要关头能够组织和调动资源，果断决策，控制局面，力挽狂澜。作为前瞻力和影响力的延伸，组织力和决断力是处在实施层面的领导能力。

2. 个人品牌力

个人品牌力包含产品力、流量力、营销力、内容力和交付力。产品力是指明确知道自己的目标客户，并且能够根据市场和客户的需求快速迭代产品，从而满足客户需求。流量力是指清楚自己的获客来源，并且能够不断引流新的客户。营销力是指销售个人品牌和产品的能力。内容力是基于个人品牌地图加进去的一个能力。因为我们在打造个人品牌的过程中，需要不断地产出内容，才能获得更多的曝光，进行营销宣传，内容力是指能够输出有价值的文字或视频等形式的内容，从而扩大影响力，提高曝光率，同时靠优质的内容交付更好的产品，因此内容力是贯穿个人品牌地图的非常重要的能力。交付力是指产品能够满足客户期待，让客户满意的能力。

3. 性格优势

我们常常有不够自信、行动力不强、目标制定之后总是半途而废、不敢迎接变化和挑战，以及有压力的时候会失眠烦躁等问题，这些表现为什么很难改变呢？因为这些表现其实都源于我们的性格。性格优势包含自信力、行动力、目标力、冒险力和抗压力。

一个人的自信是通过不断突破自己，完成挑战，收获正反馈而逐渐形成的，行动力也是建立在我们有自信去实现目标的基础上。如果我们给自己设定的目标让自己觉得很困难，没有希望，对自己没有足够的信心，那么我们自然就没有动力付诸行动。而一个人的目标力，同样是基于对自己性格的了解程度。

举个例子，如果我们每天早晨坚持 6 点起床，跑步 5 公里。现在我们想要参加长跑比赛，于是给自己设定每天跑步 10 公里的目标，那么我们就可以每天增加 1 公里，慢慢去实现每天 10 公里的目标。这对我们而言并不难，并且我们非常清楚需要花多长时间练习才可以达成这个目标。但一个从来不跑步的人，如果把目标设定为每天跑步 10 公里，几乎是不可能去实现的，还可能会在尝试之后很快地放弃，然后自我怀疑。

而冒险力和抗压力决定了一个人在有足够强的自信、行动力目标力的基础上，能接受多大的挑战，为目标的实现而做出多大的突破，去实现更大的成就。

所以，性格优势所涵盖的自信力、行动力、目标力、冒险力和抗压力其实都是相互关联、互相影响的，而不是独立分开的，而且这5个力是需要通过自我觉察和自我磨炼，经历一些挫折坎坷，在一定人生阅历的基础上去进行提升的。因此我们也可以通过性格优势判断一个人的内核够不够稳定，心智够不够成熟。

4. 可迁移的通用能力

通用能力同样也有诸多种类，在个人品牌领域，可以分成自我营销、内在驱动、解决问题、人际沟通和学习输出。

自我营销是指是否愿意并且能很轻松地展示自己的特长与优势，从而能够让自己被更多人看到。做个人品牌是需要自我展示和自我营销的，因为我们销售的就是自己，要有足够的自信和营销的意识去表现自己。

内在驱动非常重要，一个内驱力强的人可以坚持把自己认定的事情做下去，不会受到外界的影响，同时能够克服困难，使命必达。

解决问题也是做个人品牌的基本能力。做个人品牌会遇到很多难题，需要具备解决问题的能力，能够在面临困难的时候快速理清思路，找准核心问题，然后快速想出对策。如果不善于解决问题，遇到困难就像鸵鸟一样把头埋进沙子里，那么自然就会被困难阻碍，无法前进。

人际沟通不仅仅是指日常的沟通表达，在个人品牌领域更意味着能够精炼简洁地表达自己的观点，并且能够被他人理解。有很多专业能力很强的人，他日常的沟通表达能力也很强，但是措辞常常不够简洁易懂，比如很久都没有说到重点，或者用词过于专业，外行人根本听不懂，这样就会增加自己和客户之间的沟通成本。

学习输出是最基础的能力，然而做个人品牌不仅仅是简单地会学习、会输出，而是要能够在快速学习之后把知识内化，并且能用自己的语言输出。

8.2.3　用3种思维培养4大能力

能力的提升需要行为的改变，而行为的改变离不开思维的转变。想要提升自己的个人品牌能力，要培养自己的3种思维方式。

1. 目标导向型思维

为什么有的人总是半途而废，纠结内耗，无法达成目标？因为他们把注意力放在了眼前的困难上。当我们把注意力都聚焦于困难，困难就会被无限放大最终让自己被困难吓倒，觉得目标离自己很遥远，无法达成。没有人会去做一件从心底就觉得自己无法完成的事情，那么他的行动力自然就会很差，或者他根本无法开始行动，最后想做的事情都只能是想想而已。

如果我们换一种思维方式，把注意力都放到目标和结果上，去想象自己达成目标之后的成果，去感受实现目标之后的喜悦，那么我们就会非常有动力和信心去实现它，而且会发自内心地有一种一定要实现的力量。这就是目标导向型思维。

举个例子，当我们想要买房的时候，我们会怎么做？很多普通人会首先去计算自己有多少存款，能借贷多少钱，根据自己能够承担的金额去买合适的房子。

但是，还有另一些人，他们首先会问自己想要什么样的房子，理想的房子需要多少钱，然后再去计算自己离购买喜欢的房子还有多少差距，需要怎样积累财富，通过多长时间可以弥补这个差距。

第一种是大多数人的思维，但是这样的话我们会被限制在自己现有的能力和资源里。第二种人是少数人的思维，这种人对自己更自信，他们会看到自己未来的可能性，并根据自己未来的价值和能力去制定目标，然后再倒推回来，去规划实现目标的途径。

这两种人的差别在于：第一种人是限制型思维，受困于自己的现状；第二种人是目标导向型思维，专注于自己内心想要实现的未来。

为什么有人行动力更强？目标更清晰？进步得更快？就是因为他们思考的方式是目标导向型。 先确定自己未来的人生目标，再根据自己现在与目标的距离制定行动方案。这样每一天都会充满动力，前方的路也会越来越清晰。

当我们着眼于未来期望获得的美好生活时，就不会一直纠结于眼前的困难。

2. 长板优势思维

大家都知道木桶理论，过去都说，水桶里的水能够装多少，取决于最短的那块板子。因此我们需要更关注自己的短板。

但现在时代不一样了，在竞争愈加激烈，人人都在打造个人品牌的时代，我们想要更快地破圈，就应该关注自己的长板，发挥自己最大的优势，才能够脱颖而出。所以现在我们需要的是"斜桶理论"思维，即把木桶倾斜过来，重点进行长板建设。只要我们可以无限放大我们的长板，我们就可以承载无限的水。

对于这一点，很多已经开始做个人品牌的伙伴们应该感触很深。我们做个人品牌，就是要找到自己的优势，无限地放大它，才能够让自己快速找到精准定位，做出独特的产品来交付和转化。把注意力都放在自己的短板上，一味地拿自己的缺点跟别人的优点对比是徒劳的，反而使自己越对比越没自信。

作为一名教练，我相信每个人都是智慧具足的，每个人都是解决自己问题的专家，每个人都有自己的潜力和优势。而一名教练的职责就是帮助客户找到他自己的潜力和优势，然后帮助客户用自己的优势去解决自身问题。这也是教练与咨询师、疗愈师的区别。

3. 复利增长思维

懂投资理财的人都知道，想要实现财富的快速增长，就需要让它能够产生复利，实现指数级增长，而不是线性增长。这个道理同样适用于我们的学习和成长。

不积跬步，无以至千里。长期的积累才能够最终形成非线性的爆炸式成长，但是在爆发之前，我们可能要经历很长一段时间的迷茫，这个阶段的成长我们自己可能是看不见的。所以很多人都在这个阶段感受到挫折，就选择了放弃。

然而我们的努力都不会白费，直到我们积累到了一定阶段，我们会突然发现自己已经有了巨大的进步。这也是为什么我们看见别人的成果，都觉得是一夜之间突然产生的，但实际上，每一个成功的背后都是默默无闻的积累。

人生没有白走的路，只有走过的路。想要快速突破，实现指数级成长，还需要一个契机，也就是一个里程碑式的节点。我们要面临很多痛苦和选择的转折点，但它们往往也是契机。

而做个人品牌创业，我们要懂得去给自己制造里程碑事件，通过营销大事件来帮助自己的事业实现快速增长。

我们打造个人品牌的背后，其实需要很多的底层技能：一个是努力精进自己，培养积极生活的态度；一个是擅于输出，能够在一个领域成为专业人士；另外，能够给别人带来价值，用自己热爱和擅长的事情帮助更多人。

8.3
如何用个人品牌实现自我价值

在人本主义心理学大师马斯洛的需求层次理论里，最顶端的人类需求是"自我实现"。维基百科里描述："自我实现是指个体的各种才能和潜能在适宜的社会环境中得以充分发挥，实现个人理想和抱负的过程，亦指个体身心潜能得到充分发挥的境界。"

这里面有几个关键词："才能和潜能""得以充分发挥""实现个人理想和抱负"。"才能和潜能"其实就是指个体的能力、天赋优势。"得以充分发挥"就是指能够把自己的能力与优势显现出来，并创造出一定的价值或成果。"实现个人理想和抱负"是指创造出的价值或成果与自己的目标相匹配，能够体现出自己生命的意义。

因此，我们可以把自我实现理解为找到自己的天赋优势，并将之充分发挥出来，他人和社会创造价值，从而实现自己生命的意义。而这个过程，恰恰与我们打造个人品牌的过程不谋而合。

8.3.1 找到自己的天赋和优势

天赋测评非常火爆，很多人都想知道自己的天赋是什么，如何利用自己的天赋优势去找到一份适合自己的工作，或者能够事半功倍地去实现目标，过上理想的生活。

可以尝试从 3 个方面去找到自己的天赋和优势。

第一，他人的反馈。我有一个学员，之前在培训行业当老师，对于线下讲课已经习以为常。在做个人品牌之后，开始尝试在线上开启自己的课程。在磨课的过程中，我发现她除了有授课逻辑清晰、表达流利的优势以外，她的声音非常动听，能在带大家冥想的过程中，让每一个学员都很快进入状态并享受其中。因此大家一致认为她非常适合把冥想练习加入到她的课程里。

多去搜集他人对自己的反馈评价，也许会有意想不到的收获。因为你对于自己已经熟悉的领域是习以为常的，但是这些对于其他人来说或许就是意外的惊喜，这些也就是你的天赋和优势所在。

第二，做事的体验。天赋和优势不是靠做一个测试就能发现的，而是靠做事去挖掘的。

在做个人品牌的过程中，你需要持续学习和输出不同领域的知识，用行动去验证自己是否能得到想要的结果。在这个过程中，你才会发现哪个领域是你特别感兴趣的，学起来特别快的，输出内容时较轻松的，行动之后能很快拿到结果的，那么也许这个领域就是你一直都在寻找的、最适合自己发展的职业领域，这就是你的天赋和优势所在。

第三，成功的经验。每个人都会有自己的成功经验，比如拿到一次演讲比赛的冠军，获得一次求职面试的成功，享受一次顺利的自驾游旅行等，这些人生经历中的成功经验，其实都是你的天赋和优势所在。

只不过，很多人在完成一件事情之后，很快就把它抛诸脑后了，也没有从成功的事情中总结出可以复制运用的经验。所以，你要回顾自己过去成功的经历，把做得对和做得好的地方记录下来，去复盘这件事情成功的背后是因为自己的哪一个能力的发挥，就能从中找到自己的天赋和优势。

8.3.2　为他人和社会创造价值

每个人都不是完全独立的个体，人都是有社会属性的，因此每个人自我价值的实现，其实都是与他人和社会紧密相关的。个体的理想往往也是与他人和社会相关联。

比如你的理想是成为一名小说家，那么你的小说想用故事表达什么样的价值观？想用这些价值观影响哪群体？

比如你的理想是过上全球旅居的生活，那么你想去哪些地方？遇见什么样的人？你的旅居生活会给家人朋友带来什么影响？

比如你的理想是用喜欢的事情创业，那么你的创业项目会帮助谁解决什么问题？能带来怎样的社会影响？

每个人的言行举止都会对他人产生影响。一个人的格局越大，能够创造的社会影响就会更大。自我价值的实现，其实也是我们能够为他人和社会创造价值的体现。

很多人在当下的工作中找不到价值感，以为换一个工作就好了，结果换了一个工作，依然觉得不尽如人意。出现这种情况，第一个原因是不清楚自己的天赋和优势，所以也不明确什么样的工作适合自己。第二个原因是不清楚自己的天赋和优势与他人的关系，所以也不知道如何用自身的天赋和优势去创造对有价值的成果。

想要实现自己的理想，为他人和社会创造价值，首先需要找到自己的天赋和优势，根据自己的天赋和优势去选择能让自己最大程度地发挥出潜能的环境，然后去思考自己的潜能发挥出来之后可以怎样影响和帮助到他人。

我之前在银行工作的时候，感到非常痛苦，在别人眼里这是一份金饭碗，而对我而言就是束缚我的脚镣。我喜欢与人深度沟通，喜欢策划活动，喜欢新鲜感，而银行每天重复的工作让我觉得自己的能力都没办法发挥出来。

后来转行到市场营销，我发现我非常喜欢这份工作，因为每天的工作内容都不一样，我可以策划很多活动，认识很多有趣的人。后来我开始做人生教练，与很多人进行深度一对一沟通的过程让我非常享受。最终，我成为一名个人品牌教练，其实相当于结合了我的市场营销和人生教练的工作经验，为自己创造了一份工作，去帮助更多人挖掘自身的天赋与优势，通过与教练对话重塑自我认知，通过个人品牌找到事业新的可能。

做个人品牌，你可以摆脱外界的束缚，去找到一个自己喜欢的方向，做自己想做的事情，给自己创造出一份热爱的工作，同时又能赋能和帮助他人，这就是自我价值的实现。

8.3.3 探索生命的意义

人为什么而活？也许不同的人有不同的答案。有的母亲会为自己的孩子奉献一生；有的军人会为保家卫国而牺牲自我；有的科学家为人类科技的进步而殚精竭虑。

很多普通人的纠结、痛苦、迷茫其实都是源自于这个问题："我为什么而活？"如果你找到了自己生命的意义，你就不会在面临选择的时候徘徊不前了。

做个人品牌，就是做真实的自己。你在找个人品牌定位的过程其实就已经在探寻自己人生的方向和生命的意义。

当你从你热爱的、你擅长的、有市场的、有社会价值的这4个方面去找到自己的个人品牌定位，其实你就找到了自己的人生使命和意义所在。

很多人误把做自媒体账号当成做个人品牌，其实自媒体只是个人品牌外在体现的一种形式。很多博主仅仅为了涨粉而做自媒体账号，为了"有市场"而去立人设，伪装成另一个人，纯粹为了追逐热点而发布内容。

粉丝是通过账号内容认识和了解博主的，并没有机会去近距离接触博主，而这些被人设吸引而来的粉丝，都活在对博主完美人设的幻想里，可是人无完人，一旦博主本人的一些缺点暴露出来，这些粉丝立刻就会流失甚至"粉转黑"。

因此，自媒体账号并不是个人品牌，真正的个人品牌是真实的自己。记录你成长的过程，你真实的人生经历，表达你最直接的想法，输出你自己总结的经验，用真诚利他的初心去帮助和对待每一位关注你的人。做个人品牌，你的粉丝喜欢的是你的努力，而不是你的完美。

做真实的自己，你不会因为害怕别人的眼光而掩饰自己的不足，不会因为担心别人的不喜欢而虚伪地表现自己，不会因为环境和外界的影响而违背自己的初衷。你会活得更加坦然，更加自信。

在你可以放弃外在的影响，去做真实的自己的时候，你会更关照自己的内心，倾听内心的声音，而你内心的声音会帮助你，去找到属于你的生命的意义。

8.4
如何用个人品牌掌控自由人生

8.4.1 实现自由人生的4个阶段

想通过打造个人品牌，转型自由职业，实现时间自由、地点自由、灵魂自由甚至财富自由的生活，需要经过 4 个阶段。

1. 第一阶段：发展职业第二曲线

如果我们不满意现在的工作和生活，不一定要马上裸辞或从头再来，而是可以循序渐进，先去多尝试一下你感兴趣的其他事情，发展职业第二曲线，去为自己的工作和生活创造出另一个可能性。

很多人在象牙塔里的时候，不知道自己喜欢什么、未来想从事什么，而是受父母和环境的影响，凭着模糊的认知选择了一个专业，毕业后顺其自然地选择了某份工作，进入到某个行业。在工作了几年之后才会突然发现，当下的工作似乎并不适合自己，无法让自己实现自我价值，只能养家糊口而已。然后开始沮丧、痛苦、纠结，开始思考如何转行，如何找一份自己喜欢的工作。

裸辞对于上有老、下有小的中年人来说是很不切实际的，更适合普通人的出路是通过个人品牌设计职业第二曲线，用自己热爱或擅长的事情去开启一份副业，先从副业入手去试错和探索。

互联网时代给了我们很多的机会，可以在线上开启自己的一份副业。比如我的一位学员，主业是数据分析师，副业做着高考志愿填报师。还有一位学员，主业是体制内的员工，副业做着个人成长教练。他们都是利用业余时间，在线上通过对话的方式去尝试和探索自己的职业第二曲线，唯一的成本就是自己的时间。

成为一个教练或咨询师，是普通人成本最低的创业方式，也是打造个人品牌必须经历的一个阶段。通过对话咨询去帮助别人，同时也可以帮助我们积累个案经验，总结市场需求和客户痛点，提升自己的沟通水平。当积累了一定数量的个案之后，我们就可以把共通的问题总结成课程，批量式交付，从而实现时间的复利。

我也遇到有学员一边抱怨工作不能让自己实现自我价值，一边又不愿意在业余去学习和尝试副业，总是给自己找各种借口，比如"工作太累了，下班后想放松""工作太忙了，常常要加班""最近家里的事情太多了，等忙过这一段再说吧"……

"忙"是现代人最常用的借口。可是，谁不忙呢？如果真的想要改变现状，就需要付出比大部分人更多的努力。没有人能轻轻松松过上理想的生活。

在我们下班后熬夜刷剧、玩手机的时候，有人哄完孩子睡觉又继续做自己的副业；在我们躺在被窝里睡懒觉的时候，有人凌晨四五点就开始学习。

又有人会说："干吗要那么拼命、那么内卷？"其实这不过是不同的人生选择而已。有的人选择了抱怨生活，有的人选择了改变生活。

发展职业第二曲线不是一个容易的过程，但这是普通人去靠近理想的自由人生，成本和风险最低的一种方式。如果这一步的探索和辛苦都承受不了，那么后面的过程只会更艰难。

职业需要我们尝试之后才知道适不适合自己，所以做副业是试错成本最小的一件事。天赋和优势也是需要我们不断去尝试新鲜的事物，才能慢慢被挖掘出来。人生的使命和方向，更是需要我们不断用行动去探索，而不是光凭脑子去想。

只有尝试过不同的事物，体验过不同的生活，经历过不同的际遇，才会慢慢清楚自己生命的意义。做个人品牌的过程，其实就是不断尝试、体验、经历和探索的过程。

2. 第二阶段：用副业替代主业

当我们通过探索职业第二曲线找到了自己热爱的副业，经过长期的积累，副业开始有稳定的客源和收入，并且收入可以超过主业，我们就可以考虑辞职或者考虑用副业替代主业，把主业变成兼职了。

比较稳妥的方式是，先调整主副业的时间与精力占比，和老板谈谈是否可以把主业变成兼职，例如把之前每周 40 个小时的工作时间变成每周 20 个小时，然后花更多的时间精力在副业上，尝试把副业做得更好。

退而求其次的方式就是直接辞掉主业，开始集中时间与精力去做好副业，把副业变成自己的主业，同时尝试拓展多管道的收入来源。

例如，我在离职后做人生教练的时候，我其实还有社交电商和自媒体广告的收入，不至于在教练业务发展不起来的时候就失去收入来源。

收入的维持是一个现实的问题，只有拥有赚钱的能力，保障自己的物质生活，才不会把目标放到短期的利益上，可以去考虑更加长远的事业发展问题，去探索自己人生最终想要实现的理想目标。

　　放弃一个稳定的收入来源，用副业替代主业，需要很大的决心和勇气。我自己是在副业收入超过主业两年后才放心地离职并转行自由职业的，我的学员小达在学习打造个人品牌、发展副业之后，过了半年就辞职做起了自由职业。但是前提是，她已经有了稳定的客户来源和续费率，而且有越来越多的客户来咨询，她的业余时间已经不足以接收这么多的客户，所以才选择了辞职，把所有时间和精力用来发展副业。

　　值得一提的是，并不是所有的人都适合自由职业。

　　脱离了企业环境的约束，没有人给我们安排工作，告诉你应该做什么，没有人给我们制定规则去约束你上下班的时间，没有人督促我们去高质量地完成工作，没有人跟我们合作讨论并肩努力……

　　自由职业者需要有极强的自律和目标导向思维。我们要给自己制定详细的工作目标和计划，并且有足够的自律去完成；我们要约束自己，把工作和生活分开，让自己可以专注工作；我们要能够独立处理所有的问题，一个人就能完成一支队伍的任务。

　　如果没有极强的自驱力、清晰的目标、独立的精神，很难成为一名自由职业者，也许更适合在企业内工作，然后有一份稳定的副业来作为 Plan B，提高自己应对变化和风险的能力即可。

3. 第三阶段：开启个体创业

　　在副业替代主业之后，大多数人会先成为一名自由职业者，然后开始注册公司，成为一名一人公司的创业者，接着随着业务的发展，慢慢地招募一个小而美的团队。

在过去，创业听起来是一件离普通人很遥远的事情，在很多人的印象里，创业需要几百万元的注册资金，需要有自己的办公地址，需要组建一支团队……

而现在，个体创业的时代已经到来了，注册个体户或者公司执照变得很简单，没有办公室也可以线上开店创业，没有团队也可以自己一人建立一家公司。越来越多的人选择了线上创业的方式，去开启自己的自由人生。

互联网给了我们成为数字游民的机会，我们随时随地打开电脑就可以办公，实现时间与地点的自由。事实上，一些行业的从业者已经实现了数字游民的生活。而未来，这种工作生活方式也会越来越常见。

如果我们也向往数字游民的自由生活状态，那么可以在设计自己的职业第二曲线的时候就选择可以在线上完成工作的职业。例如前面提到的，成为一个线上的教练或咨询师，提供线上的一对一教练或咨询服务，或者设计一个可以通过线上交付产品的商业模式。

当我们成为一名自由职业者之后，可能会很快就进入一个平稳期，这时候会再次迷茫："难道生活就这样了吗？"人们总是在上了一个台阶，看到更美的风景之后，想要再上一个台阶。当我们开始享受自由职业的生活，开始觉得一切都游刃有余的时候，说明是时候再上一个台阶，开始尝试创业了。

做一名自由职业者，大多数人是"一人吃饱"就行的状态，只需要自己有稳定的客源和收入即可。但是久而久之，我们就会发现一个人的力量是薄弱的，如果我们想要创造更大的价值，帮助更多的人，就需要创业，需要有团队和我们一起带动更多人去实现更大的愿景。

4. 第四阶段：搭建生态圈或平台

如果我们做的事情很有意义，并且在创业的路上能够影响到更多人，就会开始有同行向我们请教。这时候想要再上一个台阶，可以搭建一个有共同价值观的生态圈或平台，招募志同道合的伙伴一起去实现共同的愿景，把我们的成功经验传授给其他人，帮助他们成功，去实现他们理想的职业或生活状态。

8.4.2　掌控自由人生的4种能力

想成为一名自由职业者并不是一件容易的事情，创业更是艰难。对于大部分普通人来说，能够在做好一份工作的同时开启自己的个人品牌，去拥有人生和职业的第二曲线就已经很不错了。

但想要通过第二曲线去掌控自由人生，做好自己的个人品牌，必须具备以下 4 种能力。

第一，自信力。你能够做成多大的事情，取决于你相信自己能做成多大的事情；你能够获得多大的财富，取决于你相信自己能够获得多大的财富。人无法赚到自己潜意识和信念以外的钱。

很多人在打造个人品牌上遇过的第一个障碍就是不自信。但是他们并没有意识到，自信力其实是决定成败最关键的核心能力。

一个人的自信力是通过过去的人生经历磨炼出来的，自信是一种要在历经苦难、克服挫折、对抗恐惧、实现目标的经历中去磨炼的能力。如果你现在觉得自己不够自信，但是依然不敢冒险，不敢直面困难和挑战，那么只会越来越不自信，因为你会错失提升自信的机会。

第二，行动力。有很多人总是想得太多，做得太少。行动跟不上思想，就等同于能力配不上野心。

"天下武功，唯快不破。"想到就去做的人，才能够更快产出结果。如果成功了，就复制成功经验，继续行动，就会更容易拿到成果；如果失败了，那就反思复盘，调整路径，再次行动，也会取得进步。

有的人虽然自嘲行动力差，但是怡然自得，对现在的生活也很满意，那么其实内心也没有改变现状的意愿，自然就不会行动。

但有的人不满意当下的生活状态，有很多想法，说起来头头是道，做起来却推三阻四，这就是典型的失败者。

第三，内驱力。有一些人行动力很强，做起事情来却是3分钟热度，热情来得快，去得也快。总是半途而废，无法坚持，那么自然也没办法成功。

在打造个人品牌上，很多人一开始都是兴致勃勃的，但是尝试了一段时间之后就会因为得不到外界的反馈而丧失动力，最后不了了之。

在做个人品牌的初期，你走的是一条在孤独中探索的路。因为只有你自己最了解你自己，一切向外求的问题，其实归根结底都是向内看的觉察。没有人知道哪一个定位是你最喜欢的、最适合你的，也没有人知道你的未来会是什么样子，这一切都取决于你的自我觉察和选择。

因此，有强大的内驱力是做好个人品牌，掌控自由人生的必备能力。你要能够听到自己内心的声音，坚持自己认为是对的事情，不会因为他人的影响而轻易放弃自己的梦想，锲而不舍坚持下去，直到柳暗花明。

第四，抗压力。人们往往只看到了别人成功的结果，却没有看到别人背后的努力和汗水。

做个人品牌，打造职业第二曲线，去过自己内心向往的生活，是需要承受很多压力的。比如，家人会觉得你现在的工作已经很好了，没必要再折腾；朋友会不理解你，不明白你在做的事情有什么意义；甚至还会有人一言不合就攻击你。

所以，抗压力很重要。压力无时无刻不在，但你需要学会把焦虑和压力转化成动力，能够坦然接纳不同的声音，也能够坚守自己的梦想。

8.4.3　找到你心中的理想人生

我并不是鼓励大家都去成为自由职业者或者去创业，而是希望更多人能知道，人生有很多种可能，做个人品牌，其实就是你向内进行深度探索，向外去探寻新的可能的过程。

每个人心中理想的自由人生都是不一样的，不必去和别人比较，不必去按照别人的规则框定自己。只要能够实现内心丰盈、内外富足、怡然自得的生活，就都是美好的自由人生状态。

你可以闭上眼睛，进行一段冥想，然后畅想一下 5 年与 10 年之后的自己会在哪里，和谁在一起，周围的环境是怎样的，心情如何……这都将有助于你去思考自己未来的理想人生究竟是怎样的。

找到你心中理想的、不被定义的自由人生，勇敢地去追随自己的内心，实现自己理想的生活吧！

后记

写书的时候我总会进入心流状态，写作也一直都是我的爱好。

2013年硕士毕业之后的10年时光，是我人生的黄金10年。在这10年里，我去过一线大城市，也待过五线城市的老家，在私企、外企和国企都工作过一段时间，拥有了出国工作和创业的体验。

我喜欢把人生比喻成一场游戏，游戏的结局都是"Game Over"，但每个人可以选择在游戏的过程中去开启不同的副本，去升级打怪，体验不同的角色。这个过程才是整场游戏的精华。

一切的挫折和坎坷都不过是游戏的一部分。当你感到人生很难的时候，恰恰说明你正在走上坡路，因为走上坡路总是辛苦的。

感谢你读到了这里。

这是我的第一本书，它或许不够完美，但足够真诚。我把自己过去打造个人品牌的实践以及帮助学员打造个人品牌的经验总结成了书中的内容，希望可以帮助更多像我一样的普通人，去从0到1探索自己的个人品牌，设计人生的第二曲线，从而实现自己理想的自由生活。

我接纳自己身上所有不完美的地方，也希望正在读这本书的你，可以放下对于自己的种种评判。每个人都是智慧具足的，每个人都有足够的能力和资源解决自己的困难，每个人都能够做出

当下最好的选择。当你足够接纳自己，足够相信他人，好好地去
享受生活的每一个当下时，你的人生会发生美妙的变化。

"人生有无限可能，我不愿画地为牢"是我的座右铭。我把
它送给你，希望你可以勇敢地相信自己的人生还有无限的可能等
着你去开启。

谢谢你，我爱你。